WHAT IS? April Jo

100명에게 꿈을
100명에게 사랑을
100명에게 죽음을

묻다

윤정

流歌軒

*
*
*

2013년부터의 기록이다. 오늘까지 763명에게 꿈, 사랑, 죽음을 물었고
주제별로 100명씩 추려 책으로 만들었다. 한국뿐 아니라 네팔, 에티오피아, 일본,
세이셸, 마다가스카르 등 먼 나라 다른 문화 속에 살고 있는 사람들에게도 물었다.
지난 5년 간 직업이 바뀐 사람도, 사랑을 찾은 사람도, 죽음을 맞은 사람도 있다.
나는 꿈, 사랑, 죽음에 대한 화두를 던지고 떠난다.
남은 사람은 다시 생각해보고 떠난 사람은 순간을 기록한다.
일상을 사는 사람들의 생각의, 삶의 기록이다.
'휴먼다큐프로젝트: 꿈, 사랑, 죽음'은 앞으로도 계속될 것이다.

흔쾌히 참여해주시고 출판과 전시를 허락해주신
한 분, 한 분께 깊은 감사를 드린다.

혼자만의 작업이 아닌 공동 작업이라 생각하기에 더 의미 있고 소중하다.

프롤로그

여행하듯 사람을 만났다.
생각을 나누다 보면
마음을 나누게 됐다.
사람 속으로의 여행. 시작은 가족과 지인이었다.
그다음엔 모르는 사람들에게 게릴라로 묻기 시작했다.
길에서, 카페에서, 밥집에서 물었고, 불쑥 회사로 찾아가 묻기도,
낯선 여행지에서도 묻기도 했다.
처음 마주하는 사람들에게 꿈, 사랑, 죽음 이야기를 들었다.
어색해하고 낯설어하던 사람들은 긴 이야기를 쏟아내기도,
감정에 북받쳐 울음을 터뜨리기도 했다.
사람들의 이야기는 여운을 남겼다.
때로는 진하게, 때로는 깊게, 때로는 아프게.
그 속에서 느끼고 생각하고 배웠다.
같이 나누고 웃고 울었다.
서툴고 부족한 내 삶도 들여다보고 되돌아보았다.
꿈을 만들어간다.
사랑을 알아간다
건강한 죽음을 준비한다.
그렇게 진짜 나를 찾아간다.
사람들도 그랬으면 좋겠다.

2017. 12 윤정

윤정 작가는 사람들에게 물었다.

100명에겐 그들의 꿈에 대해 물었다.
다른 100명에겐 사랑에 대해 묻고
또 다른 100명에겐 죽음에 대해 물었다.
세상 사람이 모두 다르듯 서로 다른 300개의 답이 돌아왔다.

이번 책과 사진전 〈묻다〉는 300명의 300가지 답변을 그들의 얼굴과 함께 엮어낸 결실이다. 꿈과 사랑과 죽음은 인간이면 누구나 겪어야 하는 생로병사와 같다. 손바닥 뒤집듯 고쳐 말하면 꿈과 사랑과 죽음은 인간이면 누구든 누릴 수 있는 권리와 같다.

꿈과 사랑과 죽음은 한 덩어리다. 〈꿈〉편에서 한국의 금융사 직원 정운희(30대) 씨는 꿈이 뭐냐고 묻자 "죽을 때까지 사랑하는 것? 그런 열정을 나이 들어서도 가지고 살고 싶어요."라고 했다. 꿈이 사랑이다. 한편 전직 농부인 한국인 송옥근(80대)씨는 어릴 적 장래 희망은 "기억이 안 난다"라고 했으며, 그에게 꿈이란 "살기가 고통스럽고 힘드니까 오늘이라도 편안하게 잠드는 거요"라고 했다. 꿈이 죽음이다. 〈사랑〉편에서 한국인 30대 이세명 씨는 사랑이란 "죽을 때까지 하고 싶은 거예요. 언제나 꿈꾸게 하고, 살아가는 원동력이 되어 주니까요"라고 했다. 〈죽음〉편에서 한국의 70대인 김금령씨는 죽음 하면 떠오르는 것에 대해 "슬픔, 모든 것과 이별하게 되니까"라고 했으며, 그가 죽기 전에 남기고 싶은 유산은 "사랑이에요, 사랑"이라고 말했다.

생로병사는 인류가 지구상에 출현한 뒤부터 지금까지 이어지고 있는 가장 큰 화두이며 테마다. 사람이 태어난다는 것은 꿈의 탄생이다. 어릴 때 꿈이 커서 어떻게 바뀌든 바뀌지 않든, 어릴 때 얼굴 사진이 커서 어떻게 바뀌든 바뀌지 않든 한 사람의 탄생은 하나의 꿈이 탄생한다는 것을 의미한다. 사랑하면서

322 장정례	400 조엘 코	476 박병문	554 김민재
324 류춘근	402 마데 말리	478 김진주	556 치링 셰르파
326 석현미	404 신미식	480 김희영	558 박경숙
328 설지윤	406 손복순	482 노페트 누징크	560 양재현
330 장시영	408 정승환	484 가브리엘라	562 김지혜
332 잔루카 노밸리	410 이형남	486 동영애	564 조계숙
334 호앙티앳 니구앤	412 이환희	488 류건희	566 박광섭
336 두아 살래	414 김현희	490 장태화	568 도현수
338 리나 아리잘라	416 정윤옥	492 강지훈	570 조용문
340 루이찡 훼이	418 정회성	494 조상익	572 전경란
342 둥소평	420 홍성남	496 박진오	574 김규원
344 주웅내우 끄꾸인	422 조용원	498 김범	576 송정희
346 렌분		500 주동근	578 곽승경
348 이숙주		502 툴시 카리카	580 홍서연
350 미호코 안		504 박기양	582 맹기영
352 포티안 엠마		506 조광동	584 김기홍
354 로웨나 부스타만테		508 김현	586 김동훈
356 왕금봉	## 죽음	510 크레이 기슬렝	588 임영진
358 이케다 마유미		512 토니 디가스	590 조인경
360 가쿠다 노리코	432 사라 이브라힘	514 조셉 리처드 시노	592 손정애
362 소윤미	434 김금령	516 김남균	594 임주영
364 니구앤 지즈	436 브라이언 왕	518 김사랑	596 현종철
366 딜도라 툴라자노와	438 폴 비버스	520 닌토 셰르파	598 현다에
368 니셀린 비	440 김연숙	522 스미나 라마	600 김민준
370 팡팡장	442 이응준	524 소윤호	602 신소영
372 이길순	444 김은성	526 문선희	604 스티브 탄치킹
374 이희연	446 다이스케 이가미	528 조지 카멜	606 박차운
376 김정덕	448 오진순	530 어버나 파니	608 신재원
378 황진아	450 자오시아 올자크	532 피에르 기슬레	610 윤순복
380 생 말린	452 김하늬	534 조성민	612 이명희
382 인순이	454 남태영	536 박으뜸	614 서진옥
384 김재문	456 시오리 다나카	538 엄미자	616 크리스티안 바우디세
386 김미숙	458 당명일	540 박은실	618 아니카 리서닌
388 데니 무슬림	460 곽진규	542 윤영	620 카를로스 살사르
390 주규만	462 문상건	544 남인근	622 엔젤라 와타나아
392 김수복	464 모린 주벤	546 조금연	624 빤팟 잔사왕
394 김광진	466 배한수	548 신종호	626 멀린다 리엘
396 밥장	468 김수영	550 티시가 아세파	628 마자르 로즈나
398 아노 카르토크밀	470 정운교	552 김영미	630 니디 아그로왈
	472 황은미		
	474 엘비스 이스마엘		

ⓒ 박으뜸

글쓴이 윤정
사각거리는 연필의 느낌을,
아날로그 카메라의 셔터 소리를,
비 온 뒤 흙 내음과 공기 냄새를,
코를 찌르는 원두 볶는 향을,
인간미 넘치는 소박한 사람을 좋아하는 사람.

대학에서는 나무 조각과 유화, 미술사를,
사회에서는 신문기자와 방송 뉴스 앵커를,
2013년부터는 글 쓰고 사진 찍으며 게릴라로 어른들에게 화두를 던지는
프로젝트 아티스트로 활동하고 있다.
미국 시카고, 뉴욕, 인디애나 주에서 20대의 대부분을 보냈다.

한겨레 사진마을 작가마당에 〈휴먼다큐프로젝트 : 꿈, 사랑, 죽음〉을,
현재는 진행 중인 글로벌 프로젝트
〈그의 주머니 속으로, 그녀의 핸드백 속으로〉를 연재하고 있다.
사람들 속에 깊이 들어가 작업하고 싶어
파주 헤이리 예술마을에 오픈 작업실을 열었다.

* 페이스북 검색창: 프로젝트아티스트 윤정

늙고 병든다. 사랑이 있어서 늙고 병들어도 버틸 수 있다. 인생의 완성은 죽음이다. 철학의 완성은 죽음을 경험하는 것이다.

롤랑 바르트는 〈밝은 방〉 38장 '평범한 죽음'(Flat Death)에서 에드가 모랭의 '죽음의 위기'를 인용했다. 사진은 죽음과 떼놓고 말할 수 없다. 19세기 후반이 시작되면서 사진은 '죽음의 위기'와 역사적 관련성을 놓고 이야기되어져야 한다는 것이다. 바르트로는 사진의 탄생을 사회적, 경제적인 맥락에 놓기보다는 죽음과 결부시켜 인류학적으로 연구하는 것이 더 낫겠다는 주장을 한다. 죽음이 우리 사회에서 어떤 위치로든 존재해야 하는데 더 이상 종교에서 그 위치를 찾을 수 없다면 사진이 그 위치를 대신하면 어떨지를 타진한다. 삶을 계속 영위하려고 하면서도 동시에 죽음을 떠올리게 하는 바로 이 사진이란 매체 속 어딘가에 그 위치가 있을 것이라고 주장한다.

죽음과 사랑과 꿈은 한 덩어리에서 나왔다. 윤정 작가의 〈묻다〉에 등장하는 사람들을 보면 꿈을 이야기하는 표정과 사랑, 죽음을 이야기하는 표정이 다르지 않다. 죽음을 이야기하면서도 밝게 웃고 꿈을 말하면서도 웃는다. 그들 300명은 꿈과 사랑이 있어서 행복한 것이며 꿈과 사랑을 추구하기에 살 수 있다. 이 300명은 윤정 작가의 카메라 앞에서 숙연해지거나 들뜨거나 활짝 웃거나 눈물짓고 있다. 위 '평범한 죽음'의 첫 문장은 다음과 같다.

"현실을 카메라로 포착한다는 점으로 판단하면 지금 세계 각처에서 일하고 있는 젊은 사진가들은 스스로가 죽음의 에이전트 역할을 하고 있음을 모르고 있다."

윤정 작가의 〈묻다〉는 사진을 통해 철학 이야기를 전하고 있다. 그가 찍고 질문한 300명에겐 직접 전했고, 이제 이 책과 전시를 보게 될 수많은 독자와 관객에겐 사진을 통해 이야길 들려줄 것이다.

"꿈꾸어라, 사랑하라, 죽는 날까지."

곽윤섭 한겨레 선임기자

CONTENTS

꿈

- 016 황새희
- 018 권용국
- 020 허정윤
- 022 프레딥 팔라미
- 024 페티 누렛
- 026 페마 나중
- 028 텍 바냐
- 030 테스파치 니쿠신
- 032 터스티 압두라타
- 034 클로리 벡스타
- 036 크리스틴 륍
- 038 크리수 타망
- 040 카사 아킬레
- 042 이순원
- 044 치링 펜더
- 046 조나단 다르키
- 048 체카리스 망그스트
- 050 정운희
- 052 정승원
- 054 저널 부라더키
- 056 이승철
- 058 이영식
- 060 이상미
- 062 유나현
- 064 위장훈
- 066 와예영 타망
- 068 영신 페마
- 070 압두 나시아
- 072 안카미 세르파
- 074 안은성
- 076 안소정
- 078 아칼 타망
- 080 신건화
- 082 써읍
- 084 수밍따마 수레나
- 086 송옥근
- 088 송광호
- 090 솔린 카르키
- 092 소비다 아차르
- 094 셀라몬 키트니트
- 096 서라밀라 구룽
- 098 부아니수 소르 구룽
- 100 베티자조 라훈
- 102 비컬퍼 아타리
- 104 버선 도라
- 106 방지혜
- 108 박정현
- 110 박금순
- 112 마야 타망
- 114 레이코 마루야마
- 116 락스문 타파
- 118 댄 해링헤이치
- 120 노왕 세르파
- 122 비나 부토
- 124 김선영
- 126 김상기
- 128 김민규
- 130 김광호
- 132 박민지
- 134 이세환
- 136 유준상
- 138 조은혜
- 140 목진희
- 142 구민경
- 144 신재만
- 146 홍미정
- 148 최승호
- 150 방현진
- 152 이은정
- 154 염창윤
- 156 김지혜
- 158 이광춘
- 160 서혜민
- 162 이현숙
- 164 정자운
- 166 이효성
- 168 모소연
- 170 서진아
- 172 홍선주
- 174 황성구
- 176 이종린
- 178 쿠즈네초바 카리나
- 180 서샛별
- 182 김은희
- 184 김진우
- 186 김희정
- 188 이효인
- 190 정언우
- 192 박인성
- 194 조인성
- 196 이제경
- 198 김태희
- 200 박지은
- 202 황현룡
- 204 양오봉
- 206 정문식
- 208 최호정
- 210 유경화
- 212 김우정
- 214 유재연

사랑

- 224 크리스 허들리
- 226 최정임
- 228 최민우
- 230 조의지
- 232 김성균
- 234 이희자
- 236 김규랑
- 238 이세명
- 240 이민형
- 242 소피 듀피
- 244 송가영
- 246 유보라
- 248 이수희
- 250 제인 암스트롱
- 252 박혜정
- 254 류연근
- 256 박성연
- 258 니트리 맥도널드
- 260 제리미 버네샌
- 262 테오 필 마주라허
- 264 박주연
- 266 박성수
- 268 김인영
- 270 박재현
- 272 주옥담
- 274 정경진
- 276 최지인
- 278 주옥경
- 280 최인혜
- 282 조민수
- 284 김령희
- 286 긴모경
- 288 홍차애
- 290 장영숙
- 292 한승선
- 294 임정임
- 296 주수옥
- 298 이정란
- 300 홍찬석
- 302 최대일
- 304 박상미
- 306 주리아
- 308 주옥연
- 310 천희민
- 312 이창수
- 314 김은주
- 316 윤덕완
- 318 류준희
- 320 박근숙

꿈

꿈꾸는 사람들

꿈.

"모든 것으로부터의 자유요?"
누군가에게 꿈이 뭐냐고 물었더니 돌아온 대답이다.
"오늘부터 그렇게 살면 되지 않을까요?"
잠시 생각하던 그가 말한다.
"불가능해요. 정말 어떤 것에도 영향을 받지 않는 상태인데……
현실 속에서는 힘들지요. 그 자유란 방종이 아니거든요."

꿈이 있어 열심히 달렸다.
꿈이 있어 힘들었고 즐거웠다.
꿈이 있어 견뎠다.

꿈은 유년기에는 장래 희망이었고 20대까지도 줄곧 직업적 목표였다.
30대에 접어들며 삶의 방향, 살아가고 싶은 모습, 정신적 상태로
꿈이 바뀌었다.

청명한 하늘 위 뽀얀 뭉게구름. 그 위를 자유롭게 거닐고 뛰는 모습.
그게 꿈이다.

상상만 해도 유쾌하다.
가슴이 뛴다.

꿈을 꾸는 것은
그 길을 걸어갈 준비를 하는 일.

소풍 가기 전
여행 가기 전 설레는 마음에 잠을 설치는 것처럼 신나는 일이다.

그 꿈이 계속되길 바란다.
시간이 지날수록 진해지길 바란다.

꿈은
내 마음이고 영혼이니까.

황재희 30대, 연극배우, 한국

어릴 적 장래 희망

피아니스트. 피아노 치는 것을 좋아해서.

황재희에게 꿈이란?

열정요. 쉬지 않고 달리는 것, 무엇을 위해서건 뜨겁게 숨 쉬는 것, 제가 살아 있음을 느끼게 하는 것이지요.

Hwang, Jaehui 30-something, Theater actress, Korea

As a kid, what did you want to be when you grew up?

A pianist. I enjoyed playing the piano very much back then.

What does it mean to have aspirations?

To have passion! Passion is the driving force that allows one to never give up and go through the grind.

권용국 30대, 기업 투자금융팀 직원, 한국

어릴 적 장래 희망
사설탐정. 남들이 못 푸는 사건을 해결하는 게 멋있어 보여서.

권용국에게 꿈이란?
그냥 사는 거지요. 별로 생각해본 적 없어요.

Kwon, Yongguk
30-something, Corporate Investment Finance Team Member, Korea

As a kid, what did you want to be when you grew up?

A private detective. Detectives could always solve cases that others couldn't which was cool.

What does it mean to have aspirations?

To just live life. I never thought about it.

허정윤 20대, 기업 방송 마케터, 한국

어릴 적 장래 희망
발레리나. 발레복이 너무 예뻐서.

허정윤에게 꿈이란?
지금보다 더 행복해질 수 있으리라는 희망이랄까. 왠지 이루어질 것 같아서 기분이 좋아지는 그런 거요.

Huh, Jeong-yun
20-something, Corporate Broadcasting Marketer, Korea

As a kid, what did you want to be when you grew up?
A ballerina because I thought leotards and tutus were the most beautiful thing in the world to wear.

What does it mean to have aspirations?
Holding on to the hope that I could be happier then ever.

프레딥 팔라미 20대, 화가 / 갤러리 운영, 네팔

어릴 적 장래 희망
파일럿. 아버지께서 파일럿이 되길 원하셔서.

프레딥 팔라미에게 꿈이란?
지금은 딱히 없어요. 꿈이었던 갤러리를 운영하니까요. 새로운 꿈이 생겨날지도 모르죠.

Fredip Palami 20-something, Painter / Gallery Owner, Nepal

As a kid, what did you want to be when you grew up?
A pilot. My father wanted me to be one.

What does it mean to have aspirations?
I have none at the moment. My only focus is to see how well my gallery goes.

페티 누렛   40대, 커피 원두 판매점 운영, 에티오피아

어릴 적 장래 희망
의사. 아버지께서 의사가 되길 원하셔서.

페티 누렛에게 꿈이란?
에티오피아 하라르 지역에 세계적으로 유명한 커피 공장을 세우는 것이요.

Fettie Nouret   40-something, Roast Coffee Shop Owner, Ethiopia

As a kid, what did you want to be when you grew up?
My father wanted me to be a doctor.

What does it mean to have aspirations?
I want to make the world's most renowned coffee manufacturing company in Harar, Ethiopia.

페마 나중 20대, 옷 판매점 직원, 네팔

어릴 적 장래 희망

공부 많이 한 사람. 가족을 위해 돈을 많이 벌고 싶어서.

페마 나중에게 꿈이란?

크고 부유한 나라에 가서 돈을 많이 벌어서 돌아와 큰 사업을 해보고 싶어요.

Pema Najung 20-something, Retail Salesperson, Nepal

As a kid, what did you want to be when you grew up?

A well-educated person. Being well-educated would be the ticket to supporting my family.

What does it mean to have aspirations?

I want to go an advanced country and make a lot of money running my own business.

텍 바니야 30대, 트레킹 가이드, 네팔

어릴 적 장래 희망

없었다.

텍 바니야에게 꿈이란?

트레킹을 계속하면서 살고 싶어요. 산이 저에게 건강한 마음을 주니까요.

Tek Vanija 30-something, Trekking Guide, Nepal

As a kid, what did you want to be when you grew up?

No one.

What does it mean to have aspirations?

It means to continue trekking for the rest of my life. The Himalayas replenish my soul.

테스파친 니쿠신 20대, 초등학교 교장, 에티오피아

어릴 적 장래 희망

교사. 주변에 학교에 못 가는 친구들이 많았는데, 그들을 돕고 싶어서.

테스파친 니쿠신에게 꿈이란?

좋은 선생님요. 모든 학생에게 기회를 많이 줘 그들의 삶을 충만하게 만들어 주는 사람이 되고 싶어요.

Tezpachin Nikusin

20-something, Elementary School Principal, Ethiopia

As a kid, what did you want to be when you grew up?

A teacher. I had a lot of friends around me that haven't gone to school so I wanted to help them by becoming a teacher.

What does it mean to have aspirations?

To be a teacher that made a difference in students' lives by giving them ample opportunities to make life meaningful.

터스티 압두라타 20대, 통역 / 관광 가이드, 에티오피아

어릴 적 장래 희망

의사. 의사가 되고 싶어 하는 친구들을 보고 덩달아서.

터스티 압두라타에게 꿈이란?

전 세계를 돌며 곳곳의 문화와 사람들을 느끼며 살고 싶어요.

Tusti Abdulata
20-something, Interpretation / Tour Guide, Ethiopia

As a kid, what did you want to be when you grew up?

A doctor. Since all my friends wanted to be one, I thought it would be cool too.

What does it mean to have aspirations?

It means to travel to all corners of the world and experience new cultures and get to know the world a little better.

클로리 벡스타 20대, 위생사, 호주

어릴 적 장래 희망
올림픽 리듬체조 선수. 아주 어릴 때부터 리듬체조를 해서.

클로리 벡스타에게 꿈이란?
모든 것의 균형과 조화요. 삶의 균형을 유지하는 게 제일 중요한 것 같아요.

Chlorie Beksta 20-something, Hygienist, Australia

As a kid, what did you want to be when you grew up?
A gymnast. I started tumbling at a young age so it seemed like the natural thing to do.

What does it mean to have aspirations?
To be in harmony and have balance in everything. Life is all about balance.

크리스틴 륌 40대, 연극배우, 프랑스

어릴 적 장래 희망
배우. 그냥 되고 싶었다.

크리스틴 륌에게 꿈이란?
세계 곳곳을 다니며 다양한 문화 속 사람들을 만나고, 그 문화를 몸으로 마음으로 느끼는 것이에요.

Christine Lume 40-something, Theater actress, France

As a kid, what did you want to be when you grew up?
An actress.

What does it mean to have aspirations?
It means to learn about many cultures as possible by travelling to all corners of the world and meeting people from all walks of life.

크리수 타망 30대, 슈퍼마켓 운영, 네팔

어릴 적 장래 희망
교사. 선생님이 좋아 보여서.

크리수 타망에게 꿈이란?
사업을 잘해서 부자가 되고 싶어요. 저보다 더 어렵고 힘든 사람을 돕고 싶으니까요.

Chrisu Tamang 30-something, Supermarket Owner, Nepal

As a kid, what did you want to be when you grew up?
A teacher. Teachers seemed cool.

What does it mean to have aspirations?
To grow my business and become wealthy. With my wealth I want to help those who are less fortunate than myself.

카사 아킬레 30대, 여행 가이드, 에티오피아

어릴 적 장래 희망

의사. 몸이 아프고 어려운 사람들을 돕고 싶어서.

카사 아킬레에게 꿈이란?

많은 나라에 가보는 거요. 한 번도 다른 나라에 가본 적이 없어서 궁금해요.

Khasa Akile 30-something, Tour Guide, Ethiopia

As a kid, what did you want to be when you grew up?

A doctor. I wanted to help people who were sick and had little access to healthcare.

What does it mean to have aspirations?

To travel the world. I've yet to leave my country and my curiosity has been getting to me.

이순원 50대, 소설가, 한국

어릴 적 장래 희망

소설가, 어릴때부터 동화보다 소설이 더 좋아 그런 글을 써보고 싶어서.

이순원에게 꿈이란?

좋아하고, 하고 싶은 일을 자유롭게 하는 것이요.

Lee, Soonwon 50-something, Novelist, Korea

As a kid, what did you want to be when you grew up?

A novelist. As a young boy, I enjoyed reading novels over children's books and hoped to write my own stories one day.

What does it mean to have aspirations?

To freely do the things that I love doing most.

치링 펜더 20대, 장신구 노점상 운영, 네팔

어릴 적 장래 희망

없었다.

치링 펜더에게 꿈이란?

장사를 잘해서 돈을 많이 버는 거요. 지금도 만족하고 행복하지만요.

Chiring Pende 20-something, Accessory Kiosk Owner, Nepal

As a kid, what did you want to be when you grew up?

Nothing.

What does it mean to have aspirations?

To start a business and make a lot of money. Of course, I'm grateful for all that I have now, but a little more couldn't hurt.

조나단 다르키 30대, 요식업 매니저, 이탈리아

어릴 적 장래 희망
축구선수. 축구를 사랑해서.

조나단 다르키에게 꿈이란?
의류 브랜드를 하나 만들고 싶어요. 특별한 이유 없이 그냥 하고 싶네요.

Jonathan Darrki
30-something, Restaurant Business Manager, Italy

As a kid, what did you want to be when you grew up?

I loved playing soccer so I wanted to be a professional soccer player.

What does it mean to have aspirations?

To launch a new clothing line.

제카리스 망그스트 30대, 렌트카 회사 직원, 에티오피아

어릴 적 장래 희망
파일럿. 하늘을 날며 운전하고 싶어서.

제카리스 망그스트에게 꿈이란?
어려운 사람들을 도우면서 사는 거요.

Jekaris Mangst
30-something, Rental Car Company Employee, Ethiopia

As a kid, what did you want to be when you grew up?

A pilot because I wanted to fly in the sky.

What does it mean to have aspirations?

Giving back to society by helping those in need.

정운희 30대, 금융사 직원, 한국

어릴 적 장래 희망

간호사. 사람들을 도우니 엄마한테 칭찬을 받기에 늘 칭찬받고 싶어서.

정운희에게 꿈이란?

죽을 때까지 사랑하는 것? 그런 열정을 나이 들어서도 가지고 살고 싶어요.

Jeong, Woonhui
30-something, Financial Corporation Employee, Korea

As a kid, what did you want to be when you grew up?

A nurse. Nurses help patients during the recovery process so I wanted to help people while earning brownie points from my mother.

What does it mean to have aspirations?

Being a loving person to the very end. I don't want to die with my music in me.

정승원 30대, 기술 영업직, 한국

어릴 적 장래 희망

엔지니어. 기계 등을 손으로 만지작거리는 걸 좋아해서.

정승원에게 꿈이란?

최고의 엔지니어요. 그래야 먹고살죠.(웃음)

Jung, Seungwon 30-something, Trade Business, Korea

As a kid, what did you want to be when you grew up?

An engineer. I used to enjoy tinkering with toys and machines.

What does it mean to have aspirations?

To become an A-class engineer. That would be my bread and butter. (chuckles)

저널 부라더키 20대, 바리스타, 네팔

어릴 적 장래 희망

교사. 많이 배워서 아이들을 가르치고 싶어서.

저널 부라더키에게 꿈이란?

행복? 지금도 행복하고 만족하지만 언젠가 다른 나라에서 한번 살아보면 좋을 것 같아요.

Jahnul Buraduki 20-something, Barista, Nepal

As a kid, what did you want to be when you grew up?

A teacher. I wanted to learn as much as I could and then pass on my knowledge to other children.

What does it mean to have aspirations?

Living in the moment. That's happiness to me. I'm happy where I am now, but living in another country would do me some more good.

이승철 50대, 화가 (팝아티스트), 한국

어릴 적 장래 희망
대통령. 최고가 되고 싶어서.

이승철에게 꿈이란?
도전요! 나이 오십이 끝이 아니라 시작인 것 같아요. 더 크고 원대한 꿈을 꾸고 있으니까요.

Lee, Seungcheol 50-something, Painter, Pop artist, Korea

As a kid, what did you want to be when you grew up?
The president. No one surpasses his powers.

What does it mean to have aspirations?
Having constant challenges and overcoming them. Being fifty years old isn't the end, but the beginning of a bigger dream.

이영식 40대, 기업 영업팀 직원, 한국

어릴 적 장래 희망

야구선수, 야구가 너무 재미있어서.

이영식에게 꿈이란?

별로 꿈을 꾸며 살지 않았어요. 앞으로 찾아봐야겠네요.

Lee, Youngsik 40-something, Corporate Business Team, Korea

As a kid, what did you want to be when you grew up?

A baseball player

What does it mean to have aspirations?

I never took out the time to think about setting goals and having dreams. Think I need start from now on.

이상미 20대, 디자이너, 한국

어릴 적 장래 희망

만화가. 그림 그리는 게 너무 좋아서.

이상미에게 꿈이란?

힘들 땐 오아시스 같은 곳에서 치유받고 싶어요.

Lee, Sangmi 20-something, Designer, Korea

As a kid, what did you want to be when you grew up?

Cartoonist. I used to love drawing and painting.

What does it mean to have aspirations?

Having an oasis to go to and recharge for a bit when reality gets overwhelming.

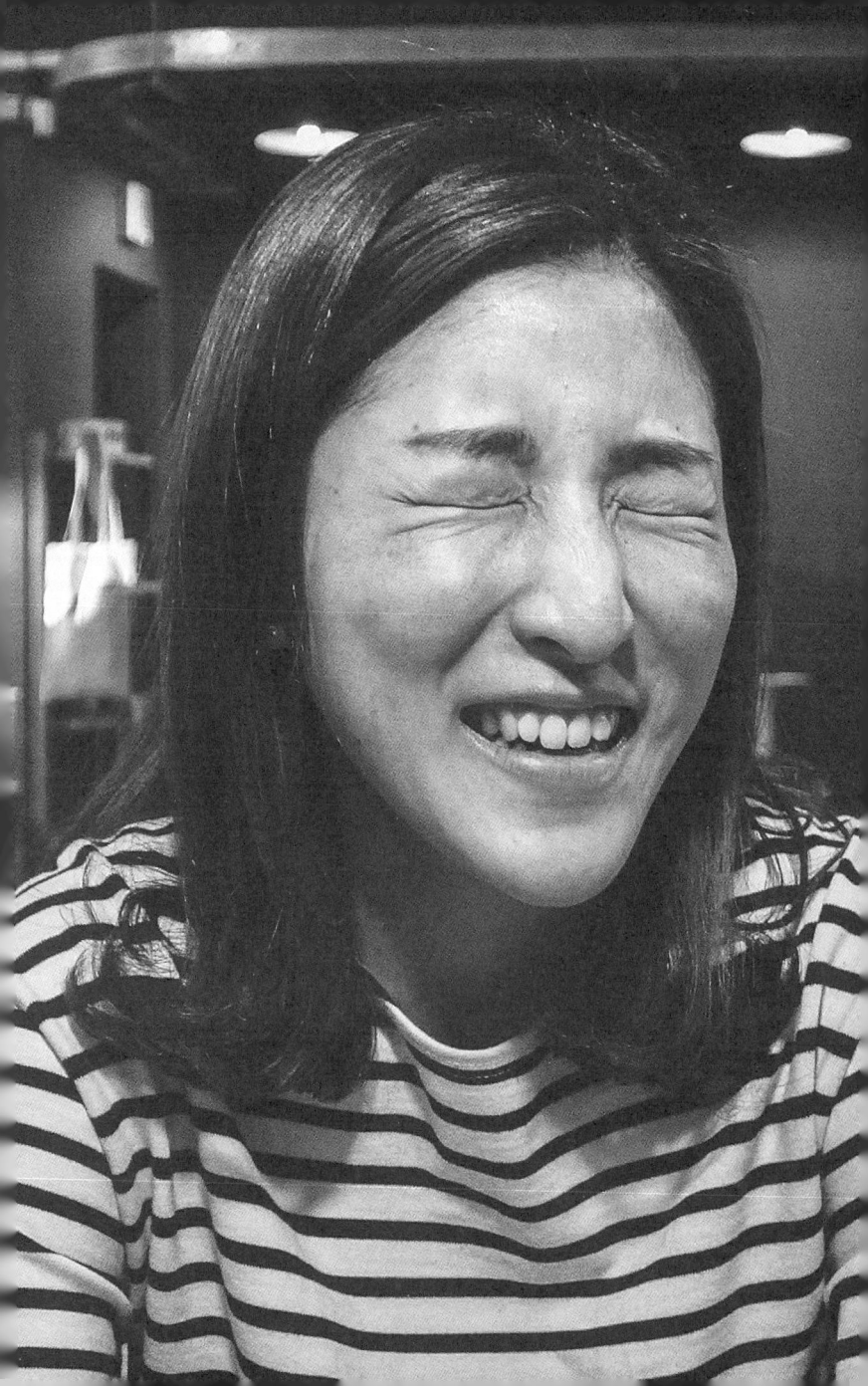

유나현 20대, 웹디자이너, 한국

어릴 적 장래 희망
화가. 그림 잘 그린다는 칭찬이 듣기 좋아서.

유나현에게 꿈이란?
아직 찾고 있어요. 이것저것 해보는 과정이고, 하고 싶은 일을 수시로 메모장에 적어둬요.

Yoo, Nahyun 20-something, Webdesigner, Korea

As a kid, what did you want to be when you grew up?
A painter. It was awesome to receive compliments left and right from my peers that I was a talented painter.

What does it mean to have aspirations?
I am in the process of creating some. I'm trying out this and that hoping it takes me one step closer to what I want.

위장훈 30대, 방송 PD, 한국

어릴 적 장래 희망

교사. 선생님이 높아 보여서.

위장훈에게 꿈이란?

아프지 않고 건강하게 사는 거요. 노후에 차를 마실 수 있는 작은 공간이 있으면 좋겠어요.

We, Janghun 30-something, Television Producer, Korea

As a kid, what did you want to be when you grew up?

A teacher because they seemed like highly respectable figures of society at the time.

What does it mean to have aspirations?

To live in longevity with little physical pain. I'd like to have my own private space where I could drink tea and enjoy some 'me' time.

와예영 타망 20대, 포터(짐 들어주는 일), 네팔

어릴 적 장래 희망
기자. 그냥 좋아 보여서.

와예영 타망에게 꿈이란?
트레킹과 글램핑을 하며 산과 함께 사는 것이요.

Wahaiyoung Tamang 20-something, Porter, Nepal

As a kid, what did you want to be when you grew up?
A news reporter.

What does it mean to have aspirations?
To continue trekking and clamping in the Himalaya's until I die.

영신 페마 20대, 중학교 영어교사, 네팔

어릴 적 장래 희망
간호사. 아픈 사람들을 도와주고 싶어서.

영신 페마에게 꿈이란?
회계사가 돼 사업 재무 매니저 일을 해보고 싶어요.

Youngshin Pema
20-something, Middle school English Teacher, Nepal

As a kid, what did you want to be when you grew up?

A nurse. Nurses help people by looking after them when they are in recovery.

What does it mean to have aspirations?

To become a certified public assistant and work as a Business Finance Manager.

압두 나시아 40대, 미술관 큐레이터, 에티오피아

어릴 적 장래 희망

엔지니어. 엔지니어였던 친구 형이 멋있어 보여서.

압두 나시아에게 꿈이란?

박물관과 하라르라는 지역에 대한 책 한 권 쓰기요.

Abdu Nasia 40-something, Art Museum Curator, Ethiopia

As a kid, what did you want to be when you grew up?

An engineer. I had a friend who was an engineer and it seemed cool at the time.

What does it mean to have aspirations?

To write a book about museums and the Harar region.

안카미 셰르파 50대, 개그맨 / 정치인 / 여행사 운영, 네팔

어릴 적 장래 희망

여행가. 많은 나라를 돌아다니고 싶어서.

안카미 셰르파에게 꿈이란?

어려운 사람을 돕는 일이요. 사회 공헌 사업을 하며 살고 싶어서요.

Ankami Shwerpa

50-something, Comedian/Politician/Travel Agency Owner, Nepal

As a kid, what did you want to be when you grew up?

A hard-core traveler. I've wanted to travel to as many countries as possible.

What does it mean to have aspirations?

Helping people in need while engaging in business that gives back to society.

안은성 40대, 교사, 한국

어릴 적 장래 희망

택시운전사. 매일 여기저기 돌아다니고 싶어서.

안은성에게 꿈이란?

여든에 탁구대회 나가서 우승하는 것이에요.

Ahn, Eunseong 40-something, Teacher, Korea

As a kid, what did you want to be when you grew up?

A taxi driver. I wanted to visit new places every day like drivers do.

What does it mean to have aspirations?

To participate in a ping-pong tournament when I'm 80 years-old and come out as a winner.

안소정 30대, 게임회사 사업부 직원, 한국

어릴 적 장래 희망

소설가. 현실에서 못 이루는 것을 글로나마 이루고 싶어서.

안소정에게 꿈이란?

사람답게 만들어주는 것이죠. 설레게 하는 감정 말이에요. 그건 동물에게는 없을 테니까요.

Ahn, Sojeong
30-something, Business Development Team member for a gaming company, Korea

As a kid, what did you want to be when you grew up?

An author. I'd have the freedom to write about things that had little possibility of happening in our day-to-day reality.

What does it mean to have aspirations?

To add a human feeling to anything possible. For instance, unlike animals, people have the ability to feel a wide range of emotions.

아칼 타망 30대, 사회사업가 / 여행사 운영, 네팔

어릴 적 장래 희망
공부 많이 한 사람. 주변에 공부를 많이 한 사람이 별로 없었기 때문에.

아칼 타망에게 꿈이란?
한국에서 몇 년 살며 한국과 네팔 문화 교류에 관심이 많이 생겼어요. 내가 할 수 있는 역할을 찾아 해보고 싶어요.

Akal Tamang
30-something, Business Entrepreneur/Travel Agent, Nepal

As a kid, what did you want to be when you grew up?
A teacher. I had a lot of friends around me that couldn't afford an education.

What does it mean to have aspirations?
In the past, I lived in Korea for a few years. As a result, I grew immensely interested in cultural exchange between Korea and Nepal. I look forward to workng as a cultural liaison.

신건화 50대, 조각가, 한국

어릴 적 장래 희망

교사. 별다른 이유 없이.

신건화에게 꿈이란?

내가 하고 있는 놀이를 죽을 때까지 하는 거요. 작업을 놀이처럼 하고 있고, 이 작업이 너무 즐겁거든요.

Shin, Keonhwa 50-something, Sculptor, Korea

As a kid, what did you want to be when you grew up?

A teacher.

What does it mean to have aspirations?

To keep on doing what I've been doing until I die. I see my work as a hobby that gives me immense joy and I never want to give that up.

씨윰 40대, 레스토랑 경비원, 에티오피아

어릴 적 장래 희망
군인. 당연히 군인이 되어야 하는 줄 알고.

씨윰에게 꿈이란?
지금은 꿈이 없어요. 커다란 미래가 없다고 생각하니까요.

Siyum 40-something, Restaurant Security Guard, Ethiopia

As a kid, what did you want to be when you grew up?

It was to be an army solider because it was the natural thing to do back then.

What does it mean to have aspirations?

I don't have any. I don't believe in living for the future because nothing has happened yet. It may never.

수밍따마 수레나 <small>20대, 시립도서관 보안관, 네팔</small>

어릴 적 장래 희망

군인. 전쟁놀이가 재미있어서.

수밍따마 수레나에게 꿈이란?

돈을 많이 버는 거요. 당장 먹는 일도, 가족 부양도, 여행도 돈 없이는 할 수 없으니까요.

Sumingddama Surena
20-something, City Library Sheriff , Nepal

As a kid, what did you want to be when you grew up?

A soldier. I liked playing war games with toy guns.

What does it mean to have aspirations?

To be financially stable. That is key to eating well, providing for my family, going on vacations, etc.

송옥근 80대, 농부, 한국

어릴 적 장래 희망
기억이 안 난다.

송옥근에게 꿈이란?
살기가 고통스럽고 힘드니까 오늘이라도 편안하게 잠드는 거요.

Song, Okkeun 80-something, Farmer, Korea

As a kid, what did you want to be when you grew up?
I can't remember.

What does it mean to have aspirations?
Life has been a continuum of hardship so my greatest goal is getting a good night's sleep every day.

송광호 50대, 가구 공방 운영, 한국

어릴 적 장래 희망
비행기 정비사.
비행기를 좋아했고 손으로 만지작거리는 일은 뭐든 좋아해서.

송광호에게 꿈이란?
시간이 날 때마다 여행 다니기에요. 낯선 곳에서 만나는 것들이 주는 신선한 그 느낌이 참 좋아요.

Song, Gwangho
50-something, Furniture Workshop Manager, Korea

As a kid, what did you want to be when you grew up?
An airplane pilot repairman. I loved airplanes and also enjoyed using my adept hands.

What does it mean to have aspirations?
To live a fulfilling life by having the freedom to travel whenever I want to. Travelling to new places and discovering new things is as refreshing as clean air.

솔린 카르키 20대, 레스토랑 웨이터, 네팔

어릴 적 장래 희망

가수. 엄마가 노래하는 소리가 듣기 좋아서.

솔린 카르키에게 꿈이란?

트레킹 가이드가 되어 세계 곳곳에서 온 사람들과 친구가 되고 싶어요.

Solinn Kahrkii 20-something, Restaurant waiter, Nepal

As a kid, what did you want to be when you grew up?

A singer. Hearing my mother sing while growing up was soothing.

What does it mean to have aspirations?

To become a trekking guide and make friends with people from all over.

소비다 아차르 30대, 로지(산장) 운영, 네팔

어릴 적 장래 희망
의사. 아픈 사람을 도와주고 싶어서.

소비다 아차르에게 꿈이란?
없어요. 그냥 사는 거죠. 지금처럼 이렇게.

Sobida Achar 30-something, Lodge manager, Nepal

As a kid, what did you want to be when you grew up?
A doctor. Doctors help people get better and teach them how to take care of themselves.

What does it mean to have aspirations?
Nothing in particular. Just to keep the status quo.

셀라몬 키트니트 20대, 운전기사, 에티오피아

어릴 적 장래 희망

좋은 남편 좋은 아빠. 빨리 어른이 돼 가족을 만들고 싶어서.

셀라몬 키트니트에게 꿈이란?

제 차를 하나 갖는 것이에요. 여행자를 위한 운전기사를 하다 보니 제 차가 하나 있으면 무척 좋을 것 같아요.

Selamon Kitnit 20-something, Driver, Ethiopia

As a kid, what did you want to be when you grew up?

To be a supportive father and husband. I wanted to grow up real fast so I could start my own family.

What does it mean to have aspirations?

To have my own car. I drive tourists around so much it made sense to have my own car.

서라밀라 구룽 30대, 로지(산장) 운영, 네팔

어릴 적 장래 희망

없었다.

서라밀라 구룽에게 꿈이란?

돈을 더 많이 벌어서 여유롭게 즐기며 살고 싶어요.

Suramila Gurum 30-something, Lodge manager, Nepal

As a kid, what did you want to be when you grew up?

No-one.

What does it mean to have aspirations?

To earn more money than I do now and live large.

부아니수 소르 구룽 50대, 로지(산장) 운영, 네팔

어릴 적 장래 희망

너무 많았다.

부아니수 소르 구룽에게 꿈이란?

자식들이 각자의 길에서 성공했으면 좋겠어요. 이제 다른 꿈은 없네요.

Buanisu Sorir Gurum 50-something, Lodge manager, Nepal

As a kid, what did you want to be when you grew up?

Many many things.

What does it mean to have aspirations?

I hope each of my children find their purpose in life. That's my only wish.

베티자조 라훈 50대, 숙박업소 관리인, 에티오피아

어릴 적 장래 희망
성직자. 선생님들이 훌륭한 성직자 애기를 많이 해줘서.

베티자조 라훈에게 꿈이란?
언젠가는 자라나는 아이들에게 좋은 영향을 주는 성직자가 되고 싶어요.

Betijhajo Lahun 50-something, B & B Inn manager, Ethiopia

As a kid, what did you want to be when you grew up?
A clergyman. I heard nothing but great things about clergymen from my teachers.

What does it mean to have aspirations?
To be a clergyman who positively impacts future generations.

비컬퍼 아타리 20대, 대학생, 네팔

어릴 적 장래 희망

너무 많았다. 매일 바뀌었다.

비컬퍼 아타리에게 꿈이란?

앞으로 봐야 할 것 같아요. 공부하다 보면 하고 싶은 것을 찾지 않을까요?

Bikulpur Ahtari 20-something, College student, Nepal

As a kid, what did you want to be when you grew up?

My list was so long and it changed every day.

What does it mean to have aspirations?

I'll have to wait and see. I think I'll get a better idea as I further my studies.

버선 도라 70대, 농부, 네팔

어릴 적 장래 희망

공부 많이 하는 사람. 좋은 직업을 가지고 싶어서.

버선 도라에게 꿈이란?

오래 살고 싶어요. 죽음이 가까이 오는 게 무섭고 두려워요. 슬프기도 하고요.

Beosun Dora 70-something, Farmer, Nepal

As a kid, what did you want to be when you grew up?

A well-educated person. I wanted to have a stable and fulfilling job.

What does it mean to have aspirations?

To have longevity. It worries and saddens me that death is around the corner.

방지혜 20대, 와인 어드바이저, 한국

어릴 적 장래 희망

천사. 천사처럼 날개를 갖고 싶어서.

방지혜에게 꿈이란?

모든 감각을 열어두고 많은 것을 경험하며 행복감을 느끼고 싶어요.

Bang, Jihae 20-something, FWind Adventurer, Korea

As a kid, what did you want to be when you grew up?

An angel. I wanted to be cool by walking around with angel wings.

What does it mean to have aspirations?

To indulge in happiness, utilizing all six senses all throughout life.

박정현 50대, 뷰티업 아카데미 운영, 한국

어릴 적 장래 희망
특별히 하고 싶은 게 없었다.

박정현에게 꿈이란?
선한 의지를 가지고 선순환하면서 살아가는 거요.

Park, Junghyeon 50-something, BeautyUp Academy Owner, Korea

As a kid, what did you want to be when you grew up?
No one.

What does it mean to have aspirations?
To intentionally live genuinely and generously.

박금순 50대, 카페 매니저, 한국

어릴 적 장래 희망

여군. 씩씩하게 보이는 게 좋았고, 잘할 자신이 있어서.

박금순에게 꿈이란?

지금 주어진 일에 충실하고 열심히 사는 것이에요.

Park, Keumsoon
50-something, Cafe staff, Korea

As a kid, what did you want to be when you grew up?

A female soldier. The confidence female soldiers exuded was over the top.

What does it mean to have aspirations?

To be fully committed at what I'm doing now.

마야 타망 40대, 옷 수선사, 네팔

어릴 적 장래 희망
공부 많이 한 사람. 그냥 그러고 싶었다.

마야 타망에게 꿈이란?
돈을 모아 근사한 여성 옷가게를 하나 열고 싶어요.

Maya Tamang 20-something, Clothes Mender, Nepal

As a kid, what did you want to be when you grew up?
A well-educated person.

What does it mean to have aspirations?
To earn enough money to open up a women's clothing store.

레이코 마루야마 30대, 여행가, 일본

어릴 적 장래 희망

정원사. 예쁜 꽃과 정원을 가꾸는 일이 재미있을 것 같아서.

레이코 마루야마에게 꿈이란?

지금까지는 너무 정신없이 살았고, 이제는 자연 속에서 평온하게 살고 싶어요.

Reiko Maruyama 30-something, Traveler, Japan

As a kid, what did you want to be when you grew up?

A gardener. Taking care of beautiful flowers and seeing them grow in a garden seemed like fun.

What does it mean to have aspirations?

Up until now, I was always busy attaining and doing more. Now, I just want to be as close to nature as I can and live in peace and harmony.

락스문 타파 20대, 레스토랑 웨이터, 네팔

어릴 적 장래 희망
유명 댄서. 가족 가운데 댄서가 많아 그 영향을 받아서.

락스문 타파에게 꿈이란?
네팔에 근사한 호텔을 하나 짓는 거요.

Laksmun Tapa 20-something, Restaurant wait staff, Nepal

As a kid, what did you want to be when you grew up?
A famous dancer. I had a few dancers in my family and got heavily influenced.

What does it mean to have aspirations?
To build a luxurious hotel in Nepal.

댄 해링헤이치 20대, 여행자, 영국

어릴 적 장래 희망
스쿼시 선수. 너무 재미있어서.

댄 해링헤이치에게 꿈이란?
많이 웃으며 행복하게 사는 거요.

Dan Harringhach 20-something, Traveler, United Kingdom

As a kid, what did you want to be when you grew up?
A squash player.

What does it mean to have aspirations?
Laughing as much as possible. It's the ticket to happiness.

노왕 셰르파 30대, 주부, 네팔

어릴 적 장래 희망
없었다.

노왕 셰르파에게 꿈이란?
아이들에게 손이 많이 가는 시기가 지나면 봉사하며 살고 싶어요.

Nowang Shwerpa 30-something, Housewife, Nepal

As a kid, what did you want to be when you grew up?
No one.

What does it mean to have aspirations?
As a mother of three children, my hands are full looking after them as we speak. Once they grow up, I want to devote the rest of my time doing volunteer work.

비나 부토 50대, 의사, 이탈리아

어릴 적 장래 희망
없었다.

비나 부토에게 꿈이란?
호주처럼 자연이 잘 보존된 곳에서 동물들과 어울려 여생을 보내고 싶어요.

Bina Butto 50-something, Doctor, Italy

As a kid, what did you want to be when you grew up?
No-one.

What does it mean to have aspirations?
Spending the rest of my life cohabitating with animals and nature in a place like Australia.

김선영 20대, 잡지사 마케터, 한국

어릴 적 장래 희망

교사. 좋은 이미지라서.

김선영에게 꿈이란?

마지막에 이루어야 할 가치 있는 것? 거창한 것이 아니라 소소한 희망사항의 모음일 것 같아요.

Kim, Sunyoung 20-something, Magazine Marketor, Korea

As a kid, what did you want to be when you grew up?

A teacher. Teachers gave off good first-impressions.

What does it mean to have aspirations?

Aspirations as in the last thing I'd want to accomplish in life? It wouldn't be anything grand. I'd focus on the little things in life as that is the root of happiness.

김상기 40대, 기자, 한국

어릴 적 장래 희망
없었다. 하나를 고르기가 힘들었다.

김상기에게 꿈이란?
그때그때 상황에 충실하기. 유연하게 말이죠.

Kim, Sang-gi 40-something, Reporter, Korea

As a kid, what did you want to be when you grew up?
No one. It was difficult to choose.

What does it mean to have aspirations?
Fully committing myself to living for the present. In other words, taking the path of least resistance.

김민규 30대, 기업 개발 원가팀 직원, 한국

어릴 적 장래 희망

경찰. '경찰청 사람들'이라는 TV 프로그램을 보고 감명받아서.

김민규에게 꿈이란?

그런 것 별로 신경 안 쓰고 살았는데, 결혼하고 보니 좋은 남편, 좋은 아빠가 되는 것이네요.

Kim, Mingyu

30-something, Corporate Development Finance Team Member, Korea

As a kid, what did you want to be when you grew up?

A police officer. I grew up watching the TV Program 'Police' and found it unforgettable.

What does it mean to have aspirations?

When I was single, I never thought about aspirations, but now that I am married, it would be to be a good husband and loving father.

김광호 40대, 기업 마케팅팀 직원, 한국

어릴 적 장래 희망
의사. 어릴 때 몸이 안 좋아 나와 같은 친구들을 치료해주고 싶은 마음에.

김광호에게 꿈이란?
생의 목표죠. 계속 추구해야 하는 것이자, 지향점이 아닐까요?

Kim, Kwangho
40-something, Corporate Marketing Team Employee, Korea

As a kid, what did you want to be when you grew up?
A doctor. I was a weak kid and got sick often. Being a doctor meant healing myself and my friends.

What does it mean to have aspirations?
To achieve any goals that I set. To continue to set more goals and achieve them. Where will that take me? I'm not quite sure.

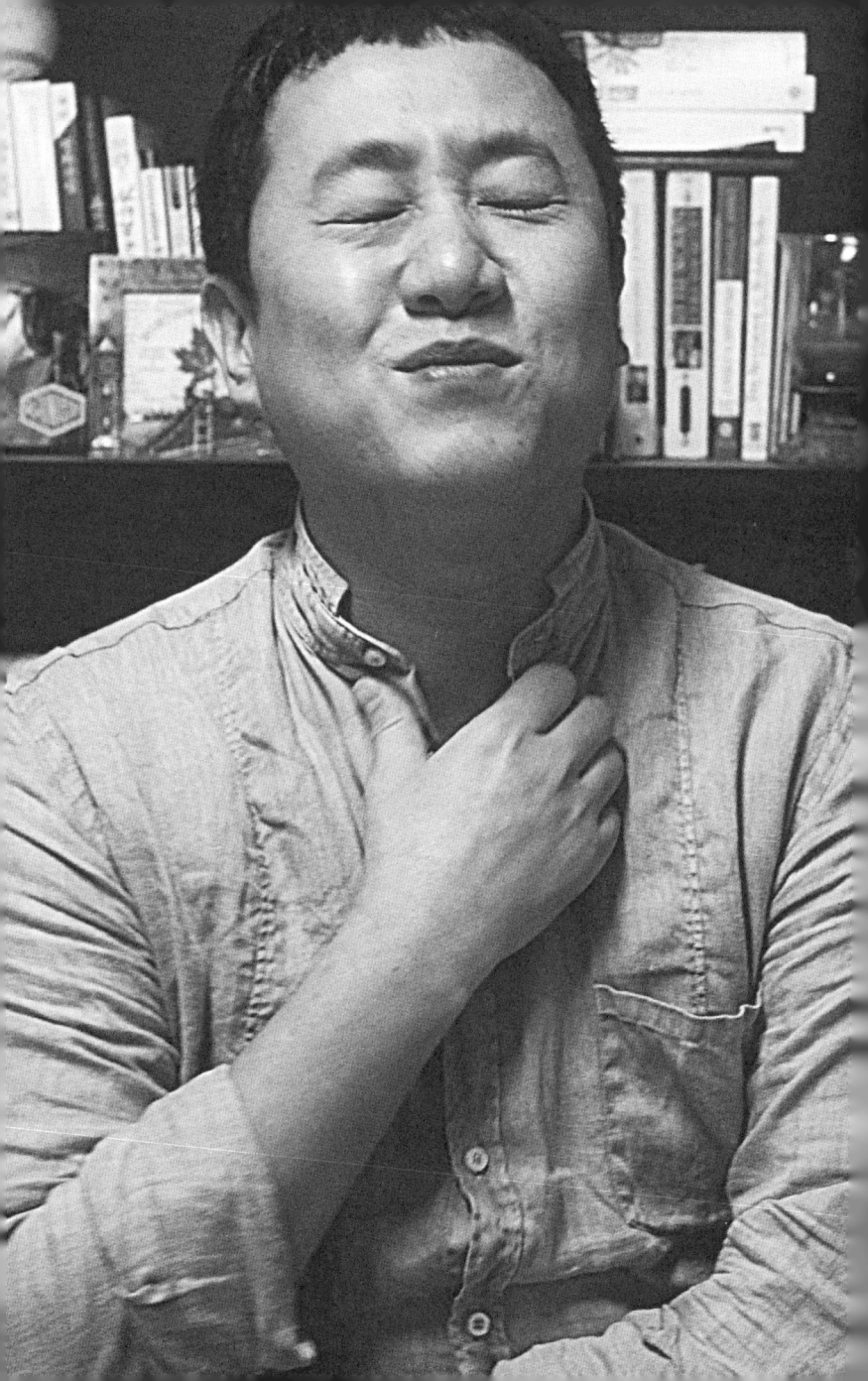

박민지

20대, 기업 커뮤니케이션팀 직원, 한국

어릴 적 장래 희망
아나운서. 사람들 앞에서 말하는 게 좋아서.

박민지에게 꿈이란?
계속 꾸면서 기분 좋아지는 것? 매일 즐겁게 사는 거요.

Park, Minji
20-something, Corporate Communication Team Member, Korea

As a kid, what did you want to be when you grew up?
A news anchor. I had immense fun talking in front of people.

What does it mean to have aspirations?
To constantly live in a dream state? Actually, it's to live each day as cheerfully as possible.

이세환 20대, 웹진 여행기자, 한국

어릴 적 장래 희망
소방관. 소리를 내며 달리는 소방차가 멋있어 보여서.

이세환에게 꿈이란?
인생의 간이역이자 종착역이요. 아직 정해진 꿈은 없지만 하나씩 이뤄가다 보면 언젠가는 마지막 꿈에 도달할 수 있지 않을까요?

Lee, Sehwan
20-something, Webzine Travel Reporter, Korea

As a kid, what did you want to be when you grew up?
A firefighter. Firefighters got to ride around in fire engines.

What does it mean to have aspirations?
I don't have any aspirations at the moment, but as I accomplish them one by one, won't that lead me a final one?

유준상 40대, 사진가, 한국

어릴 적 장래 희망
자선사업가. 이유는 기억이 안 난다.

유준상에게 꿈이란?
꿈속에서 계속 사는 거요.

Yu, Junsang 40-something, Photographer, Korea

As a kid, what did you want to be when you grew up?
Charity Fund Entrepreneur.

What does it mean to have aspirations?
To continue living in a dream-like state.

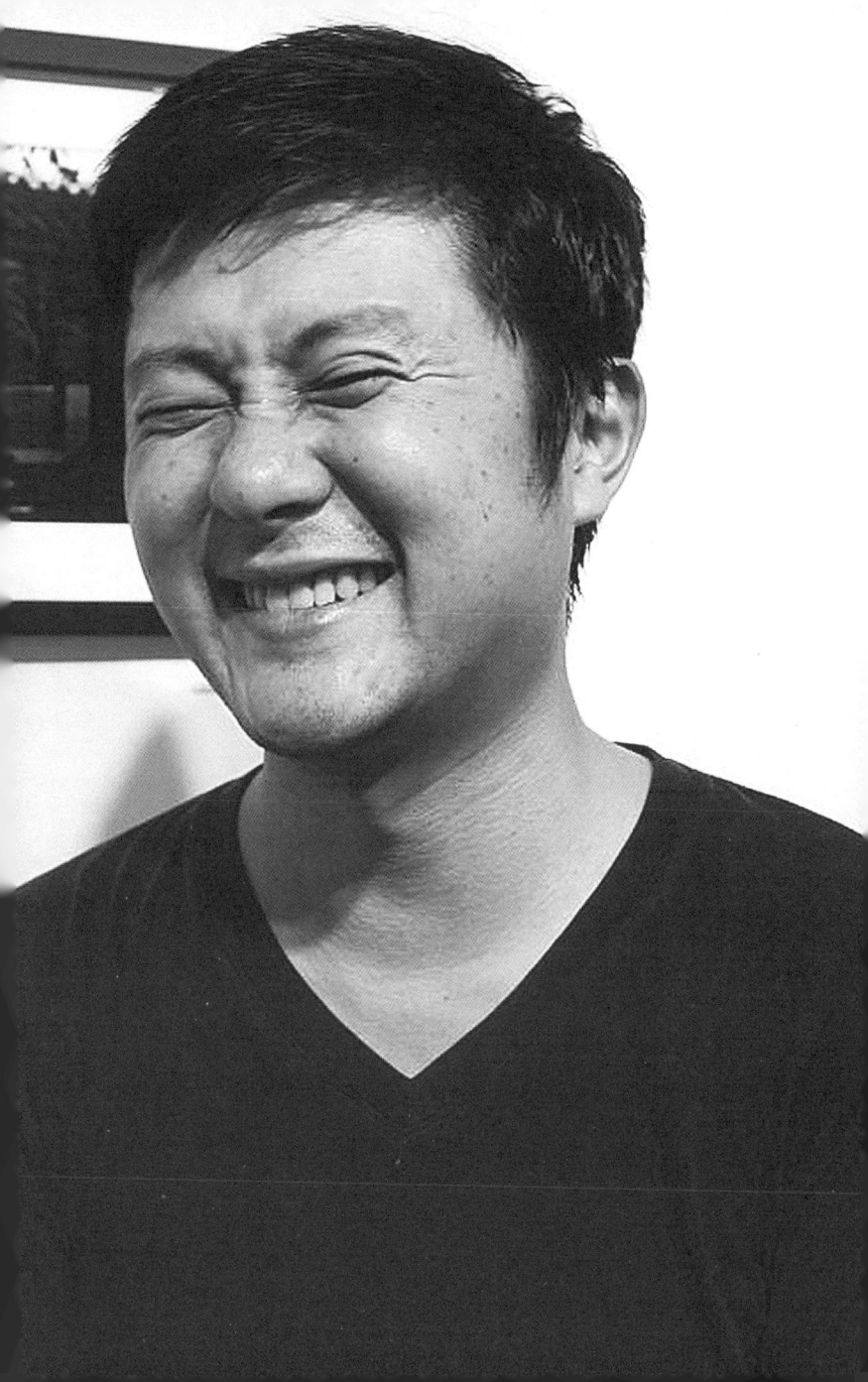

조은혜 20대, 비영리재단 직원, 한국

어릴 적 장래 희망
화가. 그림을 그렸는데 상을 받고 복도에 걸려서.

조은혜에게 꿈이란?
계속 꾸게 되는 거요. 달성 여부와 상관없이 무의식적으로 계속 꾸고 있더라고요.

Cho, Eunhae
20-something, Non-profit Organization Employee, Korea

As a kid, what did you want to be when you grew up?
A painter. I drew this painting at school and it was hung in the class hallway for everyone to admire.

What does it mean to have aspirations?
To set up a goal and achieve it. Then, set another goal and continuously repeat the process. There will come a point where it becomes second nature.

목진희 30대, 기업 인재개발팀 직원, 한국

어릴 적 장래 희망

영어 선생님. 영어가 재미있어서.

목진희에게 꿈이란?

리더를 키워내는 일을 하고 싶어요. 다양한 문화에서 살아온 사람을 접하며 다국적 인재 개발 업무로 폭을 넓히고 싶어요.

Mok, Jinhui
30-something, Corporate Training Team Member, Korea

As a kid, what did you want to be when you grew up?

An english teacher because learning was fun when I was little.

What does it mean to have aspirations?

To have the capability to foster great leaders. Expanding talent development can be done by meeting many people of diverse backgrounds.

구민경 30대, 전 전시기획자, 현 주부, 한국

어릴 적 장래 희망
뮤지컬 배우. 사람들 앞에 서는 게 좋아서.

구민경에게 꿈이란?
강한 엄마? 아들 둘이 풍부한 감성을 지닌 따뜻한 아이로 자랄 수 있게 엄마 역할을 잘해내는 것이 지금의 제 꿈이에요.

Ku, Minkyung
30-something, Former Exhibition Planner/Currently: a housewife, Korea

As a kid, what did you want to be when you grew up?
A musical theater actress.

What does it mean to have aspirations?
To be a mentally strong mother? As a mother, it is my duty make sure that my two sons grow up to be warm-hearted people.

신재만 30대, 신문사 재무팀 직원, 한국

어릴 적 장래 희망

대통령. 가장 높은 사람이라고 생각해서.

신재만에게 꿈이란?

아무것도 하지 않을 자유와 그런 꿈을 꿀 수 있는 건강함을 유지하는 것이에요.

Shin, Jaeman
30-something, Media Company Finance Department, Korea

As a kid, what did you want to be when you grew up?

The president. I thought he was the most powerful person ever.

What does it mean to have aspirations?

To have the luxury to not doing anything and to also sustain good health to continue doing so.

홍미정 40대, 의사, 한국

어릴 적 장래 희망
없었다.

홍미정에게 꿈이란?
섹시한 할머니가 되는 거요. 원시적인 생명력을 가지고 몸도 마음도 건강하게 살아가고 싶어요.

Hong, Mijeong 40-something, Physician, Korea

As a kid, what did you want to be when you grew up?
No one.

What does it mean to have aspirations?
To become a sexy senior. I want to sustain a youthful body and a mind for as long as possible.

최승호 30대, 디자인회사 직원, 한국

어릴 적 장래 희망

발명가. 조립해서 뭔가 만들어내는 게 재미있어서.

최승호에게 꿈이란?

쉬지 않고 움직이며 새로운 것을 만들어내기. 손으로 하는 창의적인 작업을 계속하고 싶어요.

Choi, Seungho 30-something, Design Company Employee, Korea

As a kid, what did you want to be when you grew up?

An inventor. I had lots of fun putting things together and making stuff.

What does it mean to have aspirations?

To keep on creating new things. I want to continue creating things with my adept hands.

방현진 20대, 홍보회사 직원, 한국

어릴 적 장래 희망
여군. 제복 입은 여자가 멋있어 보여서.

방현진에게 꿈이란?
제 미래요! 앞으로 이룰 것들이고 20~30년 후 제 모습 아닐까요?

Bang, Hyunjin 20-something, Marketing company employee, Korea

As a kid, what did you want to be when you grew up?
A female soldier. They looked really cool in uniform.

What does it mean to have aspirations?
To the future! Goals to achieve now which will determine the quality of my life 20-30 years from now.

이은정   30대, 홍보회사 직원, 한국

어릴 적 장래 희망
뮤지컬 감독. 뮤지컬을 보고 너무 멋있어 보여서.

이은정에게 꿈이란?
지금은 잃어버렸지만 다시 찾아야 하는 거요. 꼭 찾고 싶거든요.

Lee, Eunjeong   30-something, Marketing company employee, Korea

As a kid, what did you want to be when you grew up?
Musical theater director. After seeing a few musicals I was instantaneously hooked.

What does it mean to have aspirations?
It is something that I've dropped and need to have again. I will come up with new ones.

염창윤 30대, 디자이너, 한국

어릴 적 장래 희망

과학자. '터미네이터'나 '백투더퓨처' 등 SF 영화 속 주인공처럼 되고 싶어서.

염창윤에게 꿈이란?

지금 하고 있는 일이 계획대로 잘 진행되는 거요.

Yeom, Changyoon 30-something, Designer, Korea

As a kid, what did you want to be when you grew up?

A scientist. I wanted to be the main character as in the movies 'Terminator' and 'Back To The Future'.

What does it mean to have aspirations?

To complete what I am currently working on.

김지혜 30대, 신문방송학 대학원생, 한국

어릴 적 장래 희망

없었다.

김지혜에게 꿈이란?

행복이 아닐까요? 제 삶에 만족하며 행복감을 느끼는 거요.

Kim, Jihye
30-something, Graduate student, Newspaper Broadcasting major, Korea

As a kid, what did you want to be when you grew up?

No one

What does it mean to have aspirations?

To be happy? To be grateful with what I have and to always be happiness.

이광춘 60대, 전 언론인, 현 게스트하우스 운영, 한국

어릴 적 장래 희망
화가. 그림 그리는 게 좋아서.

이광춘에게 꿈이란?
다시 그림을 그리고 싶어요. 옛날 같지는 않겠지만 그리다 보면 나아지지 않을까요?

Lee, Kwangchoon

60-something, Former-journalist, current Guesthouse Manager, Korea

As a kid, what did you want to be when you grew up?
A painter. I loved painting pictures.

What does it mean to have aspirations?
To take up painting again. I wouldn't be as good as I used to, but I'm sure I'd get better as time progresses.

서혜민 20대, 기업 마케팅팀 직원, 한국

어릴 적 장래 희망
피아니스트. 피아노 치는 걸 무척 좋아해서.

서혜민에게 꿈이란?
후회 없이 사는 것이에요.

Suh, Hyemin
20-something, Corporate Marketing Team Member, Korea

As a kid, what did you want to be when you grew up?
A pianist. Playing the piano as a kid was lots fun.

What does it mean to have aspirations?
To live without any regrets.

이현숙 30대, 공단 기획팀 직원, 한국

어릴 적 장래 희망

없었던 것 같다.

이현숙에게 꿈이란?

사는 이유 찾기요. 즐겁고 행복하게 살고 싶어요.

Lee, Hyeonsuk

30-something, Industrial Complex Planning Team Member, Korea

As a kid, what did you want to be when you grew up?

Nothing in particular.

What does it mean to have aspirations?

To have a purpose in life. I want to embrace happiness until the end.

정자운 30대, 증권사 영업팀 직원, 한국

어릴 적 장래 희망
없었다.

정자운에게 꿈이란?
무난하게, 튀지 않게 잘 사는 거요.

Jeong, Jawun
30-something, Sales Team member, Securities company, Korea

As a kid, what did you want to be when you grew up?
Nothing.

What does it mean to have aspirations?
To live an effortless life and not stand out in society.

이효성 20대, 광고 카피라이터, 한국

어릴 적 장래 희망
국회의원. 나라를 위해 일하고 싶어서.

이효성에게 꿈이란?
끝판왕 없는 게임 같은 것. 끝없이 하고 싶은 게 생기도록 만드는 것이지요.

Lee, Hyoseong 20-something, Advertising Copyrighter, Korea

As a kid, what did you want to be when you grew up?

A congressman because I thought it would be cool to work for the government.

What does it mean to have aspirations?

To play a game that has no end. It means to always be engaging in something.

모소연 30대, 기업 마케팅팀 직원, 한국

어릴 적 장래 희망
여군. 많은 남자들이 내 밑에서 일할 테니까.

모소연에게 꿈이란?
사랑요. 뜨겁기도 어렵기도 측은지심이기도 하지만 따뜻함으로 귀결되는 사랑.

Mo, Soyeon 30-something, Corporate Marketing Team Member, Korea

As a kid, what did you want to be when you grew up?
A female soldier. I wanted men to work for me.

What does it mean to have aspirations?
It's love. Love is passionate, adverse, and compassion. But, it boils down to generosity.

서진아 30대, 기업 마케팅팀 직원, 한국

어릴 적 장래 희망

옷가게 주인. 엄마한테 예쁜 옷을 주고 싶어서.

서진아에게 꿈이란?

사라진 지 오래예요. 아이 둘 낳고 일하고 하루하루 살기 바쁘니까요.

Suh, Jinah 30-something, Marketing Department Team Member, Korea

As a kid, what did you want to be when you grew up?

A clothing store owner. I'd be able to give my mother pretty clothes.

What does it mean to have aspirations?

It's been a while since I've had any. After having two kids and going back to work, time flies each day.

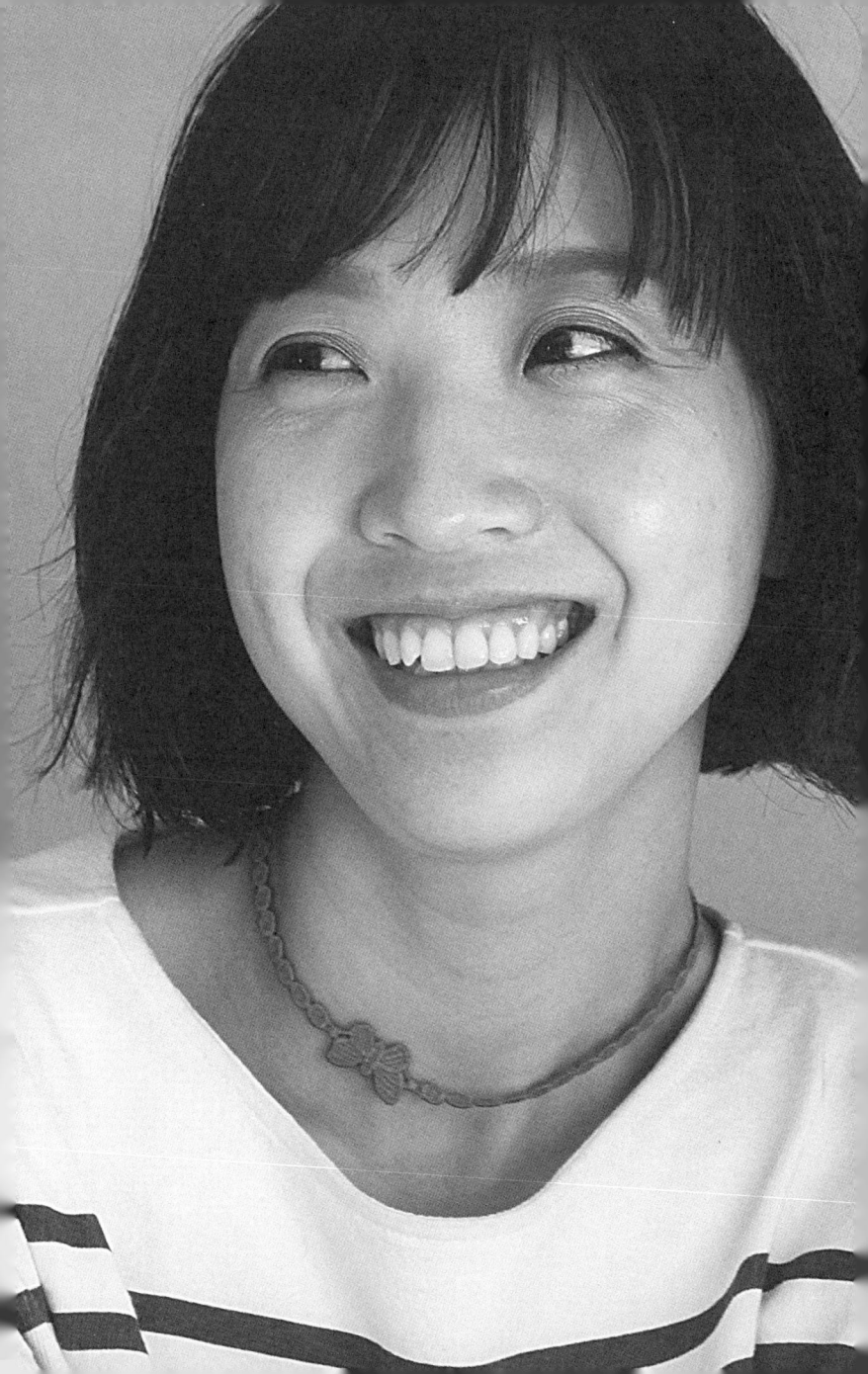

홍선주 30대, 교사, 한국

어릴 적 장래 희망
초등학교 선생님. 선생님이셨던 엄마를 보며 나도 잘할 것 같아서.

홍선주에게 꿈이란?
희망고문 같은 것 아닐까요? 늘 꿈을 꾸며 살도록 나를 이끄는 것 말이에요.

Hong, Seonju 30-something, Teacher, Korea

As a kid, what did you want to be when you grew up?
An elementary school teacher. My mother was one so I thought I was cut out for it as well.

What does it mean to have aspirations?
Having or giving false hope. But, we still have to live life having aspirations though.

황성구 30대, 사진관 운영, 한국

어릴 적 장래 희망

대통령. 대통령이 되면 뭐든 다 할 수 있는 줄 알고.

황성구에게 꿈이란?

개인전요. 그리고 지금처럼 좋아하는 일을 하며 생활을 계속 유지해갈 수 있는 거요.

Hwang, Seonggu 30-something, Photo studio Owner, Korea

As a kid, what did you want to be when you grew up?

The president of Korea because he can do whatever he wants.

What does it mean to have aspirations?

I have aspirations of launching my own exhibition. It's about being able to continue to feed my soul daily, like I already do.

이종린 30대, 기업 영업팀 직원, 한국

어릴 적 장래 희망

천문학자. 별 보는 게 좋아서.

이종린에게 꿈이란?

행복이죠. 지금 여기서 행복하게 사는 일 말이에요.

Lee, Jonglin 30-something, Company Sales Team Member, Korea

As a kid, what did you want to be when you grew up?

An astronomer. I loved watching starts at night.

What does it mean to have aspirations?

To be happy. Being present in the now is happiness.

쿠즈네초바 카리나 30대, 국제학교 교사, 러시아

어릴 적 장래 희망

치과의사. 돈을 많이 버는 것 같아서.

쿠즈네초바 카리나에게 꿈이란?

운동이 생활화된 건강한 삶을 살고 싶어요. 잘 살기 위해서는 건강이 필수니까요.

Kuzunezova, Carrina

30-something, International School Teacher, Russia

As a kid, what did you want to be when you grew up?

A dentist. I figured I would make a lot of money.

What does it mean to have aspirations?

To live life exercising daily. After all, health is wealth.

서샛별 30대, 기업 광고기획팀 직원, 한국

어릴 적 장래 희망

박물관에서 일하는 사람. 살던 동네에 유적지가 많아 다니다 보니 근사해 보여서.

서샛별에게 꿈이란?

구체적인 나의 삶, 인생. 소소한 일상을 잘 살아가는 것이라고 생각해요.

Suh, Saetbyeol

30-something, Corporate Advertising Planning Team Member, Korea

As a kid, what did you want to be when you grew up?

To work in a museum. There were lots of historical sites in the neighborhood I grew up in.

What does it mean to have aspirations?

My life. Isn't that what it's about? Living for the little things that make a difference?

김은희 30대, 기업 홍보팀 직원, 한국

어릴 적 장래 희망

미녀 개그우먼. 사람들을 웃게 만드는 게 좋아서.

김은희에게 꿈이란?

나무 공방 차리기. 사랑방처럼 누구나 오가며 차를 마시는 따듯한 장소. 내가 만든 작품도 전시하는 편안한 공간을 만들고 싶어요.

Kim, Eunhui 30-something, Public Relations Team member, Korea

As a kid, what did you want to be when you grew up?

A bomb-shell comedian. I loved making people laugh.

What does it mean to have aspirations?

To set up a wood workshop. It would be a space of relaxation where people can stop by for coffee and learn how to make something.

김진우 30대, 기자, 한국

어릴 적 장래 희망
대통령. 우두머리가 되고 싶어서.

김진우에게 꿈이란?
밥이다. 미래를 바라보며 살게 하는 자양분 같은 거니까요.

Kim, Jinwu 30-something, Reporter, Korea

As a kid, what did you want to be when you grew up?
The president. I wanted to be a leader.

What does it mean to have aspirations?
Energy. Having constant hope is the key to life.

김희정 40대, 프로골퍼, 한국

어릴 적 장래 희망

스튜어디스. 예뻐 보였고 다양한 나라를 다니는 게 좋아 보여서.

김희정에게 꿈이란?

세계 100대 골프장 탐방하고 골프 교수가 되는 거예요.

Kim, Huijeong 40-something, Pro-golfer, Korea

As a kid, what did you want to be when you grew up?

A flight attendant. They wore pretty uniforms and traveled to many different countries.

What does it mean to have aspirations?

To become a golf instructor and travel to at least 100 golf courses all over the world.

이효인 30대, 홍보회사 직원, 한국

어릴 적 장래 희망

다큐멘터리 PD. 다른 사람들 사는 게 궁금해서.

이효인에게 꿈이란?

매일 마음 편하게 사는 것이에요.

Lee, Hyo-in 30-something, Marketing Agency Employee, Korea

As a kid, what did you want to be when you grew up?

Create television documentaries. I was always curious about how other cultures lived.

What does it mean to have aspirations?

To have inner peace every day.

정연우 20대, 방송인, 한국

어릴 적 장래 희망

아나운서. TV에 나오고 싶어서.

정연우에게 꿈이란?

계속 꿔야 하는 것. 안주하지 않고 계속 무언가를 찾고 더 발전하고 진화해갈 수 있게요.

Jeong, Yeonwu 20-something, Broadcaster, Korea

As a kid, what did you want to be when you grew up?

TV anchor. I've always wanted to be on TV.

What does it mean to have aspirations?

To continue the cycle of goal setting and goal achieving.

박인성 30대, 배우, 한국

어릴 적 장래 희망

TV에 나오는 사람. TV에 나오는 게 멋져 보여서.

박인성에게 꿈이란?

계속 무대에 서는 것이에요. 하고 싶은 일을 하기, 그게 결국 제 안의 행복을 찾기 위함이었더라고요.

Park, Inseong 40-something, Actor, Korea

As a kid, what did you want to be when you grew up?

To be on TV.

What does it mean to have aspirations?

To find happiness on stage. Doing the things that I want is key to inner happiness.

조인성 30대, 경찰, 한국

어릴 적 장래 희망
아나운서. TV에 나오는 게 멋있어 보여서.

조인성에게 꿈이란?
경찰시험 합격 후를 생각해보지 않았어요. 이 일 안에서 계속 찾아가겠지요.

Cho, Inseong 30-something, Policeman, Korea

As a kid, what did you want to be when you grew up?
TV anchor. Being on TV was the cool thing to do.

What does it mean to have aspirations?
I won't think about them until I pass the Police Entrance Exams first. Most likely, I'll set up new goals to achieve within the Police Department.

이제경 30대, 행정학 박사 과정, 한국

어릴 적 장래 희망

평범한 회사원. 평범하고 소박한 행복을 누리는 게 가장 어렵다는 아버지 말씀을 어릴 적부터 들어와서.

이제경에게 꿈이란?

스스로 목소리를 낼 수 없는 사회적 약자를 대변하며 살아가고 싶어요.

Lee, Jaekyeong
30-something, PhD Candidate, Administrative Science, Korea

As a kid, what did you want to be when you grew up?

The average office worker. Ever since I was little, my father always told me that finding happiness in the ordinary was the most difficult thing to do in life.

What does it mean to have aspirations?

To represent people in society who have no voice.

김태희 30대, 입학사정관, 한국

어릴 적 장래 희망
천문학자. 별 관찰하는 게 좋아서.

김태희에게 꿈이란?
느슨해질 때마다 저를 출발점에 다시 놓아주는 거요.

Kim, Taehui 40-something, Admissions Officer, Korea

As a kid, what did you want to be when you grew up?
An astronomer. I spent so much time stargazing.

What does it mean to have aspirations?
Something that takes me back to the beginning of things once the pressure is off.

박지은 30대, 대학 취업 지원관, 한국

어릴 적 장래 희망

기자. 사람들을 만나고 글을 쓰는 게 재미있을 것 같아서.

박지은에게 꿈이란?

하와이에서 따뜻한 겨울을 나는 것, 그리고 힐링 스파 센터 원장. 저 밑에 가라앉아 있다가 지칠 때면 떠오르는 기분 좋은 추억의 미래형 같은 거요.

Park, Jieun

30-something, Campus Career Development Center Employee, Korea

As a kid, what did you want to be when you grew up?

A reporter. I thought it would be fun to interview people and write articles about them.

What does it mean to have aspirations?

Going to Hawaii? Warm winters in Hawaii? Owning my own spa? Futuristic thoughts of doing things that'll uplift my soul when I'm low in spirits.

황현룡 30대, 아프리카미래재단 직원, 한국

어릴 적 장래 희망

장군. 사촌형의 영향으로.

황현룡에게 꿈이란?

에티오피아 아이들에게 꿈과 희망을 줄 수 있는 학교를 짓는 거요.

Hwang, Hyeonlyong

30-something, African Future Foundation Employee, Korea

As a kid, what did you want to be when you grew up?

A general. I was influenced by a cousin of mine.

What does it mean to have aspirations?

To build a school that gives hopes and dreams to Ethiopian children.

양오봉 50대, 교수, 한국

어릴 적 장래 희망

여행하는 사람. 새로운 문화를 접하며 돌아다니는 것을 좋아해서.

양오봉에게 꿈이란?

저의 노력을 멈추지 않게 하는 힘 같은 거 아닐까요?

Yang, O-bong 40-something, Professor, Korea

As a kid, what did you want to be when you grew up?

A traveler. I enjoyed wandering around and discovering new things.

What does it mean to have aspirations?

It would be the nonstop grind that I put into life.

정문식 40대, 디자인회사 운영, 한국

어릴 적 장래 희망
파일럿. 비행기가 너무 좋아서.

정문식에게 꿈이란?
건전지? 쓰다가 갈아 끼우면 다시 활기차게 움직일 수 있게 해주는 그런 거요.

Jeong, Munsik
40-something, Runs a design company, Korea

As a kid, what did you want to be when you grew up?
A pilot. I used to love airplanes.

What does it mean to have aspirations?
Batteries? They provide energy/power that could always be replaced.

최호정 40대, 디지털프린팅 회사 운영, 한국

어릴 적 장래 희망

대통령. 으뜸이라고 생각해서.

최호정에게 꿈이란?

도전요. 도전해야 꿈도 이루어지지 않을까요?

Choi, Hojeong

40-something, Runs a digital printing company, Korea

As a kid, what did you want to be when you grew up?

The president. I always thought he was the top dog.

What does it mean to have aspirations?

To have challenges. One needs to overcome challenges in order to accomplish their dreams.

유경화 30대, 전 의류업계 회계팀 직원, 현 플로리스트, 한국

어릴 적 장래 희망
연예인. 사람들 앞에 나서는 게 좋아서.

유경화에게 꿈이란?
평생 꽃과 함께 즐겁게 사는 것이에요. 만들면서 행복하고, 줬을 때 사람들이 행복해하는 모습을 보면서 살고 싶어요.

Yoo, Kyeonghwa

30-something, Former retail company accountant Current florist, Korea

As a kid, what did you want to be when you grew up?
An entertainer. I used to love going before people and entertaining them.

What does it mean to have aspirations?
To lead a joyful life surrounded by flowers. Seeing people's spirits uplifted by flowers gives me immense satisfaction.

김우정 40대, 교수, 한국

어릴 적 장래 희망
화가. 그림 잘 그린다는 칭찬을 많이 받아서.

김우정에게 꿈이란?
참 막연하네요. 살아가게 하는 힘 아닐까요? 그게 없으면 허깨비 같을 거예요.

Kim, Wujeong 40-something, Professor, Korea

As a kid, what did you want to be when you grew up?
A painter. I used to get a lot of compliments from people saying I had great potential.

What does it mean to have aspirations?
What a vague question. Wouldn't it be energy? Without that, life would be one big facade.

유재연 40대, 액자사 운영, 한국

어릴 적 장래 희망
과학자. 손으로 무언가 만드는 것을 좋아해서.

유재연에게 꿈이란?
삶이지요. 어렸을 때는 꿈을 위해 제가 해야 하는 것이 있었다면 지금은 살아가기 위해 이 일을 해야 하니까요.

Yu, Jaeyeon 40-something, Picture Framing Business, Korea

As a kid, what did you want to be when you grew up?
A scientist. I love making things with my hands.

What does it mean to have aspirations?
Life! If I did certain things to fulfill a dream when I was younger, now I work, in order make a living.

사랑

사랑 그놈

사랑.
단어를 입에서 오물거리기만 해도 소녀처럼 심장이 저릿해온다.

딸기 향이 난다.

추운 겨울, 뜨거운 입김을 차 유리창에 몰래 털어내고
사랑이라는 글자를 마음을 다해 써 내려가는 기분.

한 사람이 떠오른다.

"아직도 철없이 동화 같은 사랑을 꿈꾸고 있네. 그런 사랑은 현실에 없어."
열흘 전에도 함께 에티오피아를 여행 중이던 누군가가 찬물을 끼얹었다.

마음속으로 다시 오물거렸다.
"있을지도 모르잖아요."

그 사랑을 찾으려고

때로는 누군가의 마음과 눈을 적셔야 했고
그 사랑을 찾으려고
때로는 내 마음과 눈도 젖어야 했다.

그렇게
여기까지 왔다.

끝은 아무도 모른다.

다만
사랑 때문에
다치고 아팠던 시간보다
사랑 때문에 따뜻하고 포근했던 시간이 더 많았기에

앞으로도 변함없이 그렇게
사랑 속에 겁 없이 깊숙이 들어가 살아갈 것이다. 지금처럼.

크리스 하들리 30대, 미국

'사랑' 하면 떠오르는 것
아픈 경험. 게이라서 고통스러운 일이 많았으니까.

크리스 하들리에게 사랑이란?
좋은 일도 힘든 일도 감내하기. 인생과 행복을 함께 나누는 거요.

사랑 이야기를 꺼내자 크리스 하들리는 게이라고 밝혔다. "최근에 고통이 많았네요. '사랑'을 잃어버리면 힘들잖아요. 모든 것을 함께 나누던 사람과 헤어지는 일은 어느 날 갑자기 '안정'을 잃어버리는 느낌이라 견디기 힘든 것 같아요." 그는 동성애자라서 힘든 부분은 차별이 아니라 일반인과 비교했을 때 대상 자체를 만나기가 어려운 것이라고 설명했다. 귀하게 만난 '사랑'을 잃었을 때 고통과 아픔은 견디기 힘들 정도라며. "제게 사랑은 단순한 '로맨스'가 아닌, 그보다 큰 '특별한 무엇'이에요."

Chris Hardley 30-something, United States

What comes to mind when you think of 'love'?
Experience. I'm gay so I've had some painful experiences.

What is love to you?
Good things and difficult things.
It goes hand in hand with life and happiness.

최정임 30대, 한국

'사랑' 하면 떠오르는 것
하트. 사랑의 상징이니까.

최정임에게 사랑이란?
존재 가치에 대한 고마움이 아닐까요?

"사랑은 여러 가지 종류가 있죠. 불같은 사랑도 있고 애틋한 사랑도 있고…. 그런데 가끔 보든 자주 보든 존재하는 것 자체가 소중한, 그런 게 사랑 같아요. 부모님도, 남편도, 자식도, 친구도요. 존재에 대한 고마움을 느끼는 것, 그게 제겐 사랑 같아요." 최정임 씨는 "있을 때 잘하고 싶어요. 그 시간이 지나면 안 돌아올 수도 있잖아요. 그 시간 동안 최선을 다하고 충실한 것, 그런 사랑을 앞으로도 계속하고 싶네요. 너무 평범한가요?"라며 수줍게 웃었다.

Choi, Jeongim 30-something, Korea

What comes to mind when you think of 'love'?

A heart.

What is love to you?

Gratitude towards one's existence.

최민우 30대, 한국

'사랑' 하면 떠오르는 것
희생. 내가 앞서면 상대가 드러나기 힘드니까.

최민우에게 사랑이란?
영원히 계속됐으면 하는 소망요.

최민우 씨는 사랑이 없으면 꿈을 꾸는 의미도, 꿈을 꿀 수도 없을 것 같다며 이야기를 시작했다. "사랑 때문에 더 설레며 꿈을 꿀 수 있는 게 아닐까 싶어요." 그는 사람이 활기차게 살아가는 데 가장 필요한 것은 '아직 이루지 못한 것들에 대한 꿈과 소망'이라 생각하는데, 이것들은 '사랑이라는 든든한 울타리가 있을 때' 큰 힘을 받는다고 말했다. "사랑이 없이 다른 것들이 의미가 있을까요? 사랑 없이 살 수나 있을까요?" 그에게 사랑은 가장 원초적이고 기본적이며 꼭 필요한 것이다.

Choi, Minwu 30-something, Korea

What comes to mind when you think of 'love'?
Sacrifice. Sacrificing oneself brings out the other.

What is love to you?
Hope that there is no end to it.

조의지 20대, 한국

'사랑' 하면 떠오르는 것
거울.
늘 같은 내 모습이 누구를 만나 사랑하느냐에 따라 달라 보이기도 하니까.

조의지에게 사랑이란?
용기내서 하고 싶은 거요.

Jo, Euiji 20-something, Korea

What comes to mind when you think of 'love'?

A mirror. I would always see myself differently after having loved someone.

What is love to you?

Something that requires courage.

김성균 40대, 한국

'사랑' 하면 떠오르는 것
가슴 뛰는 것. 시작이라는 느낌을 주니까.

김성균에게 사랑이란?
온전히 인정받는 것이요. 가장 저답게 돌아가는 것, 그게 사랑 같아요.

김성균 씨는 '새로움에 대한 설렘'이 사랑이라고 말했다. "'나'라는 사람이 다시 시작되는 것, 모든 게 초기화되는 것 같은 느낌이 좋아요." 그는 "사랑은 도전"이라며 "항상 처음으로 돌아가게 만드는 것이 사랑"이라고 설명했다. "마음과 몸, 벌거벗은 모든 것을 다 보여줘도 전부 받아주는 것, 그게 진정한 사랑 같아요. 그냥 그렇게 살고 싶네요."

Kim, Seonggyun 40-something, Korea

What comes to mind when you think of 'love'?

A fluttering heart. That's how it feels when love starts.

What is love to you?

To be acknowledged. To be myself. I think that's what love is.

이희자 50대, 한국

'사랑' 하면 떠오르는 것
시골 풍경. 어릴 적 살던 시골의 느낌이 떠올라서.

이희자에게 사랑이란?
아직도 잘 모르겠어요. 살아가는 것, 삶 자체가 아닐까 싶기도 해요. 에너지가 되니까요.

Lee, Huija 50-something, Korea

What comes to mind when you think of 'love'?

Image of the countryside. It triggers feelings of the country where I grew up as a child.

What is love to you?

I still haven't figured it out. I think it's life.

김규랑 40대, 한국

'사랑' 하면 떠오르는 것

평온함. 마음이나 정신을 편안하고 따뜻하게 해주니까.

김규랑에게 사랑이란?

살아가게 만드는 에너지요.

Kim, Kyulang 40-something, Korea

What comes to mind when you think of 'love'?

Inner peace. Love brings such comfort.

What is love to you?

It is 'the' energy that keeps us alive.

이세명 30대, 한국

'사랑' 하면 떠오르는 것
설렘. 사랑에 빠지기 직전의 두근거림 때문에.

이세명에게 사랑이란?
죽을 때까지 하고 싶은 것이에요. 언제나 꿈꾸게 하고, 살아가는 원동력이 되어주니까요.

Lee, Saemyung 30-something, Korea

What comes to mind when you think of 'love'?
Trembling. Your heart trembles in the early stages of falling in love.

What is love to you?
Doing what you love to do until the day you die.

이민형 40대, 한국

'사랑' 하면 떠오르는 것
하늘. 하늘을 함께 바라볼 수 있는 것이 사랑이라고 생각하니까.

이민형에게 사랑이란?
가지지 못했던, 하지만 갖고 싶은 동경의 마지막 희망이지 싶어요.

Lee, Minhyung 40-something, Korea

What comes to mind when you think of 'love'?

The sky. Two people sharing the experience of seeing the sky together is love to me.

What is love to you?

Something that couldn't be attained, yet it is the last hope of longing for it.

소피 듀피 30대, 프랑스

'사랑' 하면 떠오르는 것
가족. 가장 중요한 사람들이니까.

소피 듀피에게 사랑이란?
상대를 먼저 생각하는 것이요. 내가 중요한 것이 아니라 나를 잊어야 오는 것이니까요.

소피 듀피는 묻자마자 준비된 사람처럼 망설임 없이 답했다. "또 다른 제 가족이 생기면서 명확히 알게 됐어요. 그것은 나 자신을 잃어버리는 것이 아니라 잠시 접어두는 거예요. 사랑하는 사람을 위한 존중이죠." 그는 자신을 앞세웠을 때 그건 이미 사랑이 아니며 한 발짝 뒤에서 헤아려주려는 마음이 드는 것이 사랑이라고 말했다. "당신은 어떻게 생각해요?" 인터뷰를 마치고 옆에 있던 남편에게 물었다.

Sophi Duphee 30-something, France

What comes to mind when you think of 'love'?
Family. They are the most important people.

What is love to you?
Putting others first before yourself. By serving others first, we learn how to let go of ourselves.

송가영 20대, 한국

'사랑' 하면 떠오르는 것
떨림. 기대와 설레는 마음 때문에.

송가영에게 사랑이란?
쉬울 것 같으면서도 어려운 것. 대체로 그냥 친절이었지 진짜 사랑, 그 사랑은 어려운 것 같아요.

송가영 씨는 "사랑은 '좋아하는 감정' 같은 것이라 누구한테 무언가를 해주는 것인데 상대에게 내가 준 만큼 보답을 바라고 기대하게 돼 힘든 것 같다"며 "진짜 사랑은 바라는 것 없이 줄 수 있어야 할 것"이라고 말했다. "일회성이 아닌 지속적으로 그걸 유지해 이어간다는 게 얼마나 힘들까요? 그럼에도 불구하고 그 사랑, 지금 참 하고 싶네요."

Song, Gayoung 20-something, Korea

What comes to mind when you think of 'love'?

Anticipation. Anticipation breeds positive expectations.

What is love to you?

Something easily attainable yet difficult at the same time. More often than not, people give out kindness where 'real' love is on a different level.

유보라 30대, 한국

'사랑' 하면 떠오르는 것
없다. 너무 복합적이라서.

유보라에게 사랑이란?
가장 하고 싶고, 알고 싶은 것이요.

그녀는 한동안 말이 없다. 촉촉해진 눈가에 물이 스며들 때까지 기다렸다. "알 것 같다가도 모르겠는 게 사랑 같아요. 손에 안 잡혀서 자꾸 꿈꾸게 되는 것 같기도 하고… 모르겠어요. 평생 알 수 있을까 싶어요." 유보라 씨는 "사랑은 혼자가 아니라 같이 만들어가는 '관계'이기 때문에 어려운 것 같다"고 말했다. 맞는 것 같다고 생각한 사랑이 아닐 때가 더 많았다. 한쪽이 잡으려 해도 한쪽이 놓아버리면 끝나는 게 사랑 아니냐고 반문한다. "욕심 때문이었을까요? 언젠가는 꼭 하고 싶네요."

Yoo, Bora 30-something, Korea

What comes to mind when you think of 'love'?
Nothing. It's complex.

What is love to you?
It's something I want to embody.

이수희 40대, 한국

'사랑' 하면 떠오르는 것
포근함. 편안하고 따뜻한 느낌이라서.

이수희에게 사랑이란?
아직도 모르겠어요. 어렵고요.

이수희 씨는 "그때그때 상황이나 현실, 경험에 따라 '사랑'에 대한 생각이 계속 변하는 것 같다"며 천천히 말을 시작했다. "무조건 주거나 받는 일방적인 '희생'을 사랑이라고 생각한 때도 있었어요. 제게 사랑이 아직 오지 않은 것 같아 잘 모르겠지만 지금은 서로의 다름을 인정하고 이해하는 것, 그게 사랑 아닐까 싶어요." 그녀는 "다름을 인정하지 않는 것은 욕심이고, 그 욕심이 결국 서로를 힘들게 한다는 사실을 알았다"며 "다름을 인정하고 받아들이는 순간 제게 사랑도 오고 사랑이 뭔지 더 명확히 대답할 수 있을 것 같다"고 말했다. "앞으로도 계속 변하겠죠? 어차피 정답은 없을 테니까요."

Lee, Suhui 40-something, Korea

What comes to mind when you think of 'love'?
Warmth.

What is love to you?
I still don't know. It's complicated.

제인 암스트롱 40대, 호주

'사랑' 하면 떠오르는 것
행복. 그 느낌이 너무 좋으니까.

제인 암스트롱에게 사랑이란?
벅차고 감동이 느껴지는 상태요. 그냥 포근하고 따뜻한 거요.

제인 암스트롱은 질문을 던지자 한동안 아무 말도 하지 못했다. 시간이 흐른 후 다시 물었다. "나에게 사랑이란?" 대답 대신 눈물이 흘렀다. 입을 떼지 못하자 옆에 있던 친구가 그를 꼭 안아준다. 한동안 말을 못하던 그가 입을 열었다. "벅차고 감동이 느껴지는 거요." 그의 눈물이 멈추질 않았다. 우린 모두 침묵과 시간을 나눴다. 아무것도 묻지 못했다. 헤어지기 전, 제인 암스트롱을 꼭 안아줬다. 그도 나를 뜨겁게 안아줬다. 그가 나지막하게 내게 속삭였다. "고마워요."

Jane Armstrong 40-something, Australia

What comes to mind when you think of 'love'?
Happiness. Because it's an awesome feeling.

What is love to you?
An abundance of overflowing emotions. It's a warm and cozy feeling.

박혜정 50대, 한국

'사랑' 하면 떠오르는 것

미소. 그렁그렁한 눈망울과 입가에 살짝 드리워진 미소가 생각나서.

박혜정에게 사랑이란?

마음에 잔잔한 파도가 이는 거요.

Park, Haejeong 50-something, Korea

What comes to mind when you think of 'love'?

A smile. A subtle smile with brimming eyes.

What is love to you?

Maintaining constant waves of innner peace.

류연근 30대, 한국

'사랑' 하면 떠오르는 것
지금 사랑하고 있는 사람. '사랑'과 '사랑하는 사람'이 동의어로 생각되니까.

류연근에게 사랑이란?
존재의 원인이고 이유요. 사랑이 있기에 제가 존재하고 이런 방식으로 살고 있는 이유가 됐으니까요.

Lyu, Yeonkeun 30-something, Korea

What comes to mind when you think of 'love'?

My current love. I equate 'love' and the person that I love to be the same thing.

What is love to you?

The source and the reason we are born into this world. I exist out of love. Love is the reason why I live life, the way I do.

박성연 30대, 한국

'사랑' 하면 떠오르는 것

희생 또는 감당. 사랑을 하다 보니 그런 것 같아서.

박성연에게 사랑이란?

꿈길도, 꽃길도, 가시밭도 같이 걸어가는 것. 아무것도 가리지 않고요.

Park, Sungyeon 30-something, Korea

What comes to mind when you think of 'love'?

Sacrifice. Based on my current experience, that is what I feel.

What is love to you?

To be together in the good times and bad times.

너트리 맥도널드 40대, 오스트레일리아

'사랑' 하면 떠오르는 것
가족. 항상 함께 마음을 나누는 나의 일부라 생각하니까.

너트리 맥도널드에게 사랑이란?
열정과 활기가 생기게 만드는 거요. 그로 인해 행복해지는 것이고요.

Natrie McDonald 40-something, Australia

What comes to mind when you think of 'love'?

My family. They play an important role in my healing process.

What is love to you?

It's a source of energy and passion. That's the road to happiness.

제러미 버네셀 20대, 필리핀

'사랑' 하면 떠오르는 것
행복. 누군가를 사랑하면 기분 좋은 충만함을 느끼니까.

제러미 버네셀에게 사랑이란?
행복감요. 밝고 맑은 기운을 주니까요.

Jeremy Vernecel 20-something, The Phillipines

What comes to mind when you think of 'love'?

Happiness. When we love someone, we feel joyful abundance.

What is love to you?

Happiness. Love is like clear light energy.

테오 필 마주라히 30대, 마다가스카르

'사랑' 하면 떠오르는 것
하트. 모든 사랑이 하트에서 시작하니까.

테오 필 마주라히에게 사랑이란?
선택, 그리고 결정요.

마주라히는 "사랑은 달콤하고 아름답기만 한 것이 아니라 책임이 따르는 것"이라며 "상대를 배려하고 주기와 나누기가 진심으로 함께 되어야 사랑"이라고 말했다. 그는 얼마 전 결혼을 결심했다. 6년간 친구로 지낸 상대에게 사랑을 느꼈고, 평생을 함께하자 고백하기까지 오랜 시간 고민했다. "사랑은 잘 유지하고 만들어가는 게 중요하잖아요. 그것에 대해 제 스스로 확신이 들 때까지 신중하게 생각했어요." 고민한 깊이만큼 관계를 잘 만들어가고 싶다는 그는 이미 진중한 사랑을 이어갈 준비를 하고 있었다.

Theo Phil Mazurahi 30-something, Madagascar

What comes to mind when you think of 'love'?
A heart. All love starts from the heart.

What is love to you?
Choice and decision.

박주연 30대, 한국

'사랑' 하면 떠오르는 것
하나님. 하나님께 받은 사랑 때문에 내가 사랑할 수 있어서.

박주연에게 사랑이란?
제가 살아가는 이유, 존재하는 이유. 사랑 때문에 사람이 생겨난 것 같으니까요.

Park, Juyeon 30-something, Korea

What comes to mind when you think of 'love'?

God. I am able to love because I've received his.

What is love to you?

A reason to live, a reason to exist. People exist because of love.

박성수 20대, 한국

'사랑' 하면 떠오르는 것
배려. 혼자 하는 것이 아니라 같이 해야 하는 것이니까.

박성수에게 사랑이란?
행복한 마음을 주는 거요. 사랑하면 기분이 좋아지고 웃을 일도 많아지고 위로도 받을 수 있으니까요

Park, Seongsu 20-something, Korea

What comes to mind when you think of 'love'?
Consideration. Love only works as a two-way street.

What is love to you?
Love brings us to happiness. When in love, people feel good, laugh more, and are also comforted.

김인영 30대, 한국

'사랑' 하면 떠오르는 것

희생. 진정한 사랑은 희생이 따라야 한다고 생각하니까.

김인영에게 사랑이란?

모르겠어요. 대상에 따라, 시기에 따라, 또 매일 변하기도 하니까요.

Kim, Inyoung 30-something, Korea

What comes to mind when you think of 'love'?

Sacrifice. True love comes with sacrifice.

What is love to you?

I'm not sure. It changes with the subject, the time, and even every day.

박재현 40대, 한국

'사랑' 하면 떠오르는 것

헌신. 이기심이 있는 상태에서는 사랑한다고 말할 수 없으니까.

박재현에게 사랑이란?

지금은 자식 같아요. 온전하게 남이 아닌 유일한 존재이자 가장 깊은 관계니까요.

Park, Jaehyeon 40-something, Korea

What comes to mind when you think of 'love'?

Devotion. You can't claim you love something if selfishness exists.

What is love to you?

My children? I am naturally bound to them.

주옥담 60대, 한국

'사랑' 하면 떠오르는 것
보고 싶은 것. 사랑하면 매일 보고 싶어지니까.

주옥담에게 사랑이란?
무지개 같은 것이에요. 사랑의 색이 다양하니까요.

주옥담 씨는 "보이는 모습 그대로, 있는 그대로를 따뜻하게 품어주는 것, 그게 사랑 같다"며 조용히 말문을 열었다. 이어 "사랑은 남녀, 가족, 친구, 지인, 선후배, 동료 등 다양한 종류가 있어 예쁜 무지개를 연상케 한다"며 "그 색은 모두 너무 아름답고 소중하다"고 말했다. "제 사랑의 색은 무슨 색인지 궁금하지 않으세요?" 그가 대뜸 물었다. 모른다고 하자 바로 답했다. "무채색이에요. 무지개처럼 예쁘지도 화사하지도 않은 무채색. 그냥 덤덤하고 질리지 않으면서 무게 있는 사랑, 그게 제가 하는 사랑 같아요."

Ju, Okdam 60-something, Korea

What comes to mind when you think of 'love'?
Something that you want to see. When you are in love with someone, you want to see them every day.

What is love to you?
It is like a rainbow. Love comes in many different colors.

정경진 30대, 한국

'사랑' 하면 떠오르는 것
핑크색 하트. 심장이 뛰는 것 같은 느낌이라서.

정경진에게 사랑이란?
저로 인해 사람들의 마음이 따뜻해질 수 있고, 저도 그들로부터 따뜻함을 받을 수 있는 것.

정경진 씨는 "좋은 사람을 만나면 '살아 있는 느낌'이 들고 그것은 시간이 지나면서 편안함이나 포근함으로 바뀌기도 한다"라고 말했다. "사랑은 서로에게 좋은 기운을 주는 것, 만나면 기분 좋아지고 힘이 되는 것, 너무 단순하지만 그로 인해 즐겁고 행복해지는 것 아닐까요?" 그는 "결혼을 앞두고 있어서 '사랑'에 대해 긍정적인 면만 떠오르는 건지 모르겠다"며 환하게 웃었다.

Jung, Kyungjin 30-something, Korea

What comes to mind when you think of 'love'?
When I am able to impact others by opening their hearts and vice versa.

What is love to you?
hen I am able to impact others by opening their hearts and vice versa.

최지인 30대, 한국

'사랑' 하면 떠오르는 것
기다림. 사랑이 오는 순간을 기다리니까.

최지인에게 사랑이란?
그리움인 것 같아요.

Choi, Ji-in 30-something, Korea

What comes to mind when you think of 'love'?

Waiting. People wait for the moment when love comes.

What is love to you?

Nostalgia.

주옥경 60대, 한국

'사랑' 하면 떠오르는 것
하나님의 은혜. 무척 힘들었을 때 하나님의 말씀이 나를 살려줬으니까.

주옥경에게 사랑이란?
사랑할 줄을 몰라서, 사랑을 줄 줄도 몰랐던 것 같아요. 바보처럼 아직도 사랑이 뭔지 잘 모르겠네요.

Ju, Okkyeong 60-something, Korea

What comes to mind when you think of 'love'?

God's grace. When I went through a difficult time, it was God's words that kept me alive.

What is love to you?

As I don't know what love is, I probably don't know how to give it as well. I am still clueless until this day.

최인혜 30대, 한국

'사랑' 하면 떠오르는 것
배려. 서로 배려해야 관계를 지속할 수 있으니까.

최인혜에게 사랑이란?
삶에 있어 가장 중요한 에너지예요.

Choi, Inhae 30-something, Korea

What comes to mind when you think of 'love'?

Consideration. One must consider the other first in order to keep love going.

What is love to you?

The most important form of energy we need.

조민수 30대, 한국

'사랑' 하면 떠오르는 것

행복. 같이 있으면 행복하니까.

조민수에게 사랑이란?

없어서는 안 되는 최고의 가치. 그것이 없이는 못 사니까요.

Cho, Minsu 30-something, Korea

What comes to mind when you think of 'love'?

Happiness. Happiness is only real when it is shared.

What is love to you?

Something inevitable. Without it, life is meaningless.

김령희 30대, 한국

'사랑' 하면 떠오르는 것
희생. 부부 관계도 부모 자식 관계도 희생이 필요하니까.

김령희에게 사랑이란?
자식이 생각나네요. 지키며 함께하는 것이 사랑 같아요.

Kim, Lyunghui 30-something, Korea

What comes to mind when you think of 'love'?

Sacrifice. We practice sacrifice in our relationships with our children and our spouses.

What is love to you?

My children. Being their safeguard all throughout their life is love.

권모경 40대, 한국

'사랑' 하면 떠오르는 것
보고 싶은 마음. 사랑하면 계속 보고 싶으니까.

권모경에게 사랑이란?
그런 감정이 계속 남아 있었으면 좋겠어요.

Kwon, Mokyung 40-something, Korea

What comes to mind when you think of 'love'?
The yearning to see the one.

What is love to you?
To never stop missing the one you love.

홍차애 60대, 한국

'사랑' 하면 떠오르는 것
애물단지. 사랑 때문에 힘들기도 하니까.

홍차애에게 사랑이란?
주고받으며 마음이 편안해지는 것이지요.

Hong, Chaae 60-something, Korea

What comes to mind when you think of 'love'?

Bitterness. That's the other side of love.

What is love to you?

Being vulnerable which leads to inner peace.

장영숙 50대, 한국

'사랑' 하면 떠오르는 것
마주 잡은 손. 같은 곳을 바라보는 모습이 떠올라서.

장영숙에게 사랑이란?
뜨거운 것? 쩌릿쩌릿하고 두근거리며 설레는 마음. 이 나이에도 여전히 그러네요.

Jang, Youngsuk 50-something, Korea

What comes to mind when you think of 'love'?

Being vulnerable.

What is love to you?

Excitement and passion. That's how I still feel.

한승선 40대, 한국

'사랑' 하면 떠오르는 것
행복. 생각만 해도 즐거워지니까.

한승선에게 사랑이란?
기쁨, 행복, 소중함이 아닐까요?

Han, Seungseon 40-something, Korea

What comes to mind when you think of 'love'?

Happiness. Just thinking about love brings me great joy.

What is love to you?

Joy, happiness, sense of worth.

임정임 60대, 한국

'사랑' 하면 떠오르는 것
주는 것. 받으려고 탐욕을 부릴수록 괴로워지고, 주면 줄수록 가슴이 뿌듯해지니까.

임정임에게 사랑이란?
주기만 해야 하는 것 같아요. 저는 줘야 하는 운명을 갖고 태어난 것 같아요.
임정임 씨는 '애절함'이라고 표현했다. "제겐 잡히지 않는 것, 먼 곳에 있어 와닿지 않는 것이었어요." 안타깝고 가슴 저리게 기다리기만 한 것이 그의 현실 속 사랑이었다. "스스로 위안을 삼아야 했어요. 바라지도 기다리지도 말고 그저 주는 것으로 뿌듯해하고 만족하자고요." 그는 오랜 시간 스스로 텅 빌 때까지 비워내며 살아온 것 같았다. 그의 얼굴은 그만큼 맑고 편안해 보였다.

Im, Jeongim 60-something, Korea

What comes to mind when you think of 'love'?
To give of oneself. To receive is burdensome where as to give just feels downright awesome!

What is love to you?
Continuous giving. I feel like I was born to give.

주수옥 50대, 한국

'사랑' 하면 떠오르는 것
나를 내려놓는 것. 나를 내려놓아야 다른 사람을 사랑할 수 있으니까.

주수옥에게 사랑이란?
인생의 70퍼센트요. 삶의 윤활유 역할을 해주니까요.

Ju, Suok 50-something, Korea

What comes to mind when you think of 'love'?

Lowering myself. It needs to be done in order to love someone else.

What is love to you?

It is 70 percent of life. It functions as lubrication.

이정란 50대, 한국

'사랑' 하면 떠오르는 것
아이들의 눈망울. 눈빛에서 진심이 보이니까.

이정란에게 사랑이란?
행복한 희생이라고 생각해요. 사랑하고 싶은 사람이나 사랑받고 싶은 사람에게는 기꺼이 희생하고 싶은 생각이 들잖아요.

Lee, Jungran 50-something, Korea

What comes to mind when you think of 'love'?
A child's innocent gaze.

What is love to you?
Worthy sacrifice. People who love or want to be loved have to deal with making that worthy sacrifice for that special someone.

홍찬석 50대, 한국

'사랑' 하면 떠오르는 것

희생. 자신을 내세우지 않고 상대에게 무조건 해주는 것이라는 생각 때문에.

홍찬석에게 사랑이란?

소통을 통해 서로 좋은 방향으로 변화시켜가는 것이요.

Hong, Chanseok 50-something, Korea

What comes to mind when you think of 'love'?

Sacrifice. Love is all about giving to the other person and that is done with sacrifice.

What is love to you?

Clear communication that helps your significant other to be a better person.

최대일 40대, 한국

'사랑' 하면 떠오르는 것
육체적 사랑(sex). 사랑 안의 즐거운 교감이니까.

최대일에게 사랑이란?
저 자신에게 먼저 줘야 하는 것이에요. 제가 저를 사랑하지 않으면 다른 사람도 사랑할 수 없으니까요.

최대일 씨는 웃기는 얘기일 수도 있지만 "사랑에도 총량이 있다고 생각한다"며 운을 뗐다. "사랑도 감정적 여유가 있어야 할 수 있어요. 각박하면 제일 먼저 사라지는 게 '락(樂)' 아닐까요? 힘들 때는 예민해져서 오히려 제대로 사랑할 수 없는 것 같아요." 그는 사람들이 그를 일벌레라 부르기도 하지만 본인은 일을 사랑하고 그게 자신을 사랑하는 방식이라고 말했다. 일이 잘되면 사랑도 쉬워지고 잘된다. "뭐 이렇게 아는 척하면서 말해도 사실 아직 사랑이 뭔지 잘 몰라요. 그냥 '마음 덩어리' 같아요. 세상을 즐기기 위한 마음 덩어리요. 그 사랑, 좀 열심히 벌어놔야겠어요. 구걸하긴 싫으니까요."

Choi, Daeil 40-something, Korea

What comes to mind when you think of 'love'?
Physical love. It is through intercourse that we find pleasure.

What is love to you?
Something I need to give to my self first. If I don't love myself how can anyone else?

박상미 30대, 한국

'사랑' 하면 떠오르는 것
딸과 아들. 제일 사랑하고 안 변하니까.

박상미에게 사랑이란?
되찾고 싶은 것? 잃어버린 것 같아서요. 이제 저에게 없다고 생각하면 울적해져요.

Park, Sangmi 30-something, Korea

What comes to mind when you think of 'love'?
My daughter and son. I love them the most and that will never change.

What is love to you?
Something to retrieve? I feel like I've lost it for a while now. Just thinking about me having a lack of love makes me sad.

주리아 40대, 한국

'사랑' 하면 떠오르는 것
열정. 강렬한 감정이 제일 먼저 생각나니까.

주리아에게 사랑이란?
이해 같아요. 그냥 말하지 않고 얼굴만 봐도 서로 느끼고 알 수 있는 그런 것, 그게 제겐 사랑이에요.

주리아 씨는 "나이가 드니까 편안함과 진심으로 이해하는 것이 사랑 같다"고 말했다. "저와 특별한 사랑을 나누는 존재는 부모님과 남편이에요. 부모님은 제가 아무 말하지 않고 있어도 제가 무슨 생각을 하고 어떤 감정을 느끼는지 이해하시죠. 그저 감사하기만 한 사랑이에요." 그는 또 다른 사랑은 '남편'이라며 "부모에게 받는 사랑이 자동이라면 남편과의 사랑은 쌓이는 시간만큼 함께 만들어가는 것"이라며 "끊임없는 노력과 인내가 필요하고, 그래서 더 소중한 것"이라고 전했다. 특히 '결혼'은 "서로 이해하려고 계속 노력해야 가능한 것 같다"며 "그게 사랑"이라고 희미한 미소를 지었다.

Julia 40-something, Korea

What comes to mind when you think of 'love'?
Passion. That's the first emotion that comes to mind.

What is love to you?
Understanding. The kind where you can tell what the other person is feeling by just one look.

주옥연 70대, 한국

'사랑' 하면 떠오르는 것
만남. 사랑하면 보고 싶고 만지고 싶고, 그러려면 만나야 하니까.

주옥연에게 사랑이란?
항상 행복이었어요. 기쁨이었고 그리움이었고요. 그중에서도 최고는 그리움 이죠.

그렁그렁 눈물이 고였다. 들키기 싫은 듯 코를 얼른 들이마시자 눈가에 물이 삼켜졌다. "그리움은 마음을 따뜻하게 해주잖아요. 희망도 주고요." 혹시 특별한 대상이 있는지 물었다. "대상은 물을 필요도 없고 말할 필요도 없어요. 그리움은 자기만 아는 사랑이에요. 가슴에 묻어둔…" 주옥연 씨는 대상은 때로는 여러 사람이 되기도 하고, 바뀌지 않고 끊임없이 그리운 사람도 있다고 말했다. "그리움, 그건 깊고 깊은 사랑이에요. 너무 아름답죠." 그는 세상에서 가장 아름다운 소녀였고 여자였다.

Ju, Okyeon 70-something, Korea

What comes to mind when you think of 'love'?

Interaction.

What is love to you?

It was always happiness. It was joy and nostalgia. Most of all, it was longing.

천희민 20대, 한국

'사랑' 하면 떠오르는 것

열정. 상대에 집중하는 강한 열정이 생기니까.

천희민에게 사랑이란?

마냥 좋은 거요. 상대를 생각하면 그냥 기분이 좋아지잖아요.

Chun, Huimin 20-something, Korea

What comes to mind when you think of 'love'?

Passion. You feel it from the other person.

What is love to you?

Neverending bliss. Thinking about the other person brings a smile to your face.

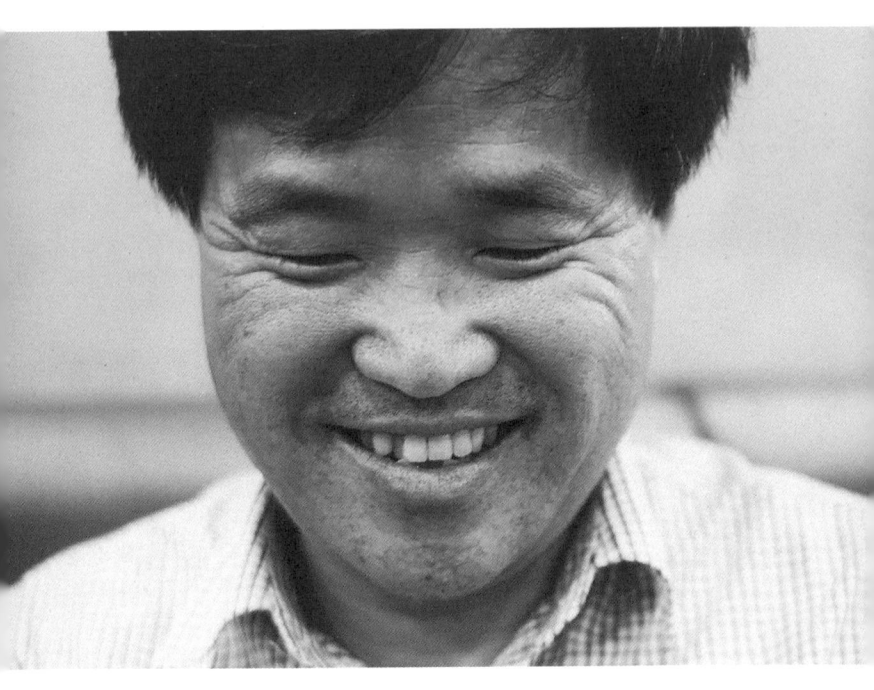

이창수 50대, 한국

'사랑' 하면 떠오르는 것

어머니. 시간이 지날수록 돌아가신 어머니의 사랑이 크게 느껴져서.

이창수에게 사랑이란?

기분 좋고 설레는 것, 상대를 마음으로 끄덕여주는 거요.

Lee, Changsu 50-something, Korea

What comes to mind when you think of 'love'?

My mother. The love I got from my mother, who passed away, was the greatest.

What is love to you?

Something that gives you a natural good vibrations.

김은주 40대, 한국

'사랑' 하면 떠오르는 것
책임. 사랑을 하면 시간이 지날수록 책임의 부산물이 많이 생기니까.

김은주에게 사랑이란?
지속하기 어려운 것, 혹은 쉽지 않은 것이요. 나이가 들수록 이성적으로 판단하니 오히려 사랑하기 힘든 것 같아요.

Kim, Eunju 40-something, Korea

What comes to mind when you think of 'love'?
Responsibility. Love first starts out very lighthearted and slowly turns into commitment and responsibility.

What is love to you?
Something difficult to sustain? Something not easy. Now that I've grown a little wiser, idealizing love has become challenging.

윤덕완 60대, 한국

'사랑' 하면 떠오르는 것
가족과 주변 사람들. 좋을 땐 함께 즐거워해주고 힘들 땐 함께 아파해주니까.

윤덕완에게 사랑이란?
숙명 같은 것 아닐까요? 피할 수 없는 운명처럼 받아들이고 안고 가야 하는 것이니까요.

Yun, Dukwan 60-something, Korea

What comes to mind when you think of 'love'?
My family and loved ones. They are there for me through thick and thin.

What is love to you?
Something that is predestined? If it's part of your fate, you accept and go forward.

류준희 30대, 한국

'사랑' 하면 떠오르는 것
여자. 본능이 우선이니까.

류준희에게 사랑이란?
늘 새로워지려고 노력하는 것이요. 새로운 상황에 처하면 그 사람의 진면모를 보게 되고, 거기서 더 사랑을 느끼게 되니까요.

Lyu, Junhui 30-something, Korea

What comes to mind when you think of 'love'?
A woman. It's a basic instinct.

What is love to you?
A need to discover another side of your significant other.

박근숙 80대, 한국

'사랑' 하면 떠오르는 것
첫사랑. 아내를 사랑하니까.

박근숙에게 사랑이란?
삶에서 가장 소중한 가치예요.

박근숙 씨는 "아내 외에는 별다른 생각이 없네요."라며 오랫동안 아무 말도 하지 못했다. 회한에 잠긴 그의 얼굴은 무슨 말을 하고 있었지만 정확히 읽어내긴 어려웠다. 한동안 침묵하던 그와 눈이 마주쳤을 때 "그게 다인데…"라며 다시 멋쩍은 미소를 지어보였다.

Park, Keunsuk 80-something, Korea

What comes to mind when you think of 'love'?
My first crush. She is my wife and I love her dearly.

What is love to you?
The most precious thing in the world.

장정례 60대, 한국

'사랑' 하면 떠오르는 것
젊었을 때의 애틋한 사랑. 생각하면 입가에 미소가 번지는 좋은 기억 때문에.

장정례에게 사랑이란?
영롱하게 빛나는 아름다움요. 제게 다시 그런 사랑이 온다면 얼마나 좋을까요.

Jang, Jungrae 60-something, Korea

What comes to mind when you think of 'love'?

Innocent puppy love. Reminiscing on those days gives me smiles.

What is love to you?

Beauty. It would be amazing if I could fall in love like that again.

류춘근 40대, 한국

'사랑' 하면 떠오르는 것

투쟁. 쉽게 얻어지는 것 같지 않아서.

류춘근에게 사랑이란?

요즘은 그게 꼭 필요한 것인지 의문이 들어요.

류춘근 씨는 '어려운 질문'이라며 잠시 생각에 잠겼다. "남들은 다 가지고 있는데 저는 아직 갖지 못한 것이에요. 아직 싱글이거든요. 그런데 얼마 전부터는 모두에게 사랑이 꼭 필요한 것인가라는 생각이 들기 시작했어요." 그는 어릴 때부터 공부와 직장 등 성취해야 할 목표에 충실했고 꾸준히 노력해 성취하고 살았는데 결혼, 출산, 육아까지도 그래야 하는지 스스로 계속 질문을 던지게 된다며, "그 부분을 요즘 잘 모르겠다"고 했다. 꽤 오랜 시간 고민한 흔적이 역력했다. 잠깐 다시 생각에 잠긴 그가 마지막에 한마디 덧붙였다. "지금껏 말한 사랑은 연애와는 별개고요."

Lyu, Chunkeun 40-something, Korea

What comes to mind when you think of 'love'?

Struggle. Because love is not easily attainable.

What is love to you?

I've been asking myself lately if it's something that I need right now.

석현미 30대, 한국

'사랑' 하면 떠오르는 것
두근거림. 사랑하면 설레고 새롭고 두근거리니까.

석현미에게 사랑이란?
늘 함께하는 거요.

아침에 일어나서도, 일할 때도, 잘 때도 사랑하는 마음과 함께하려 한다. "두 아이를 가진, 직장맘이다 보니 때론 힘들고 지치기도 하지만 아침에 눈을 뜨면 사랑하는 아이들이 있고 일하러 가면 좋은 동료들이 있고, 그렇게 사람들과 사랑을 주고받으며 힘을 얻는 것 같아요." "'혼자'는 외로울 것 같다"는 그는 "죽을 때까지 사람들과의 관계 속에서 소소한 설렘과 추억이 함께했으면 좋겠다"는 바람을 전했다.

Seok, Hyeonmi 30-something, Korea

What comes to mind when you think of 'love'?
Throbbing. The beginning stages of love is a fluttering heart when things are new.

What is love to you?
Being together.

설지윤 30대, 한국

'사랑' 하면 떠오르는 것
설렘. 사랑하는 사람을 떠올리면 가슴이 두근거리니까.

설지윤에게 사랑이란?
지금 당장 필요한 거요!

솔직하고 담백했다. 설지윤 씨는 "2~3년은 안 한 것 같다"며 "보호받고 있고 서로 주고받는 소소한 감정의 소통이 필요하다"고 말했다. "외로운데 누군가 곁에 있고 사랑받는 느낌을 받으면 덜 외롭지 않을까요?" 그는 "사랑은 감동"이라며 "감정적으로 커지는 풍부한 느낌이 가슴을 충만하게 해주지 않냐"고 되물었다. "이제 다시 사랑하고 싶어요."

Seol, Jiyun 30-something, Korea

What comes to mind when you think of 'love'?

Fluttering heart. Just thinking about the one you love makes one's heart flutter.

What is love to you?

Something that I need right now.

장시영 40대, 한국

'사랑' 하면 떠오르는 것

설렘. 기대감 때문에.

장시영에게 사랑이란?

아련한 추억 같은 거요.

"사랑요?" 그는 갑작스러운 질문에 당황하는 것 같았다. 어색한 듯 미소만 짓더니 이내 답했다. "지금은 사랑이라고 하면 뭔지 잘 모르겠고, 제게 사랑은 20대를 회상하게 해요. 아마도 그때가 '사랑'이라는 느낌을 가장 강렬하게 경험해서겠지요." 장시영 씨는 "아픈 추억도, 즐거운 추억도 함께 있는 것"이라며 "다 가진 것 같고 어떤 희생이라도 할 수 있을 것 같은 풋풋했던 마음"이라고 전했다.

Jang, Siyoung 40-something, Korea

What comes to mind when you think of 'love'?

Restlessness due to anticipation.

What is love to you?

A faint memory.

잔루카 노벨리 40대, 이탈리아

'사랑' 하면 떠오르는 것
아내. 제일 먼저 떠오르니까.

잔루카 노벨리에게 사랑이란?
서로 힘을 다해 헌신하는 것이지요. 감정 그 이상을 의미하는 것 같아요.

Janluca Novelli 40-something, Italy

What comes to mind when you think of 'love'?
My wife. She's the first thing that comes to mind.

What is love to you?
Being fully committed to another person.

# 호앙티앳 니구앤 30대, 베트남

'사랑' 하면 떠오르는 것
가족. 가족들에게 사랑받는 느낌이 드니까.

호앙티앳 니구앤에게 사랑이란?
행복한 마음이 드는 거요.

Hoang Thiet Nyguen 30-something, Vietnam

What comes to mind when you think of 'love'?
My family. I feel love from them.

What is love to you?
Being in a happy state of mind.

두아 살래 20대, 시리아

'사랑' 하면 떠오르는 것
엄마. 엄마가 준 사랑이 커서.

두아 살래에게 사랑이란?
아들과 딸요!

Dua Salay 20-something, Syria

What comes to mind when you think of 'love'?
My mother. The love she gave me was the greatest.

What is love to you?
A son and daughter.

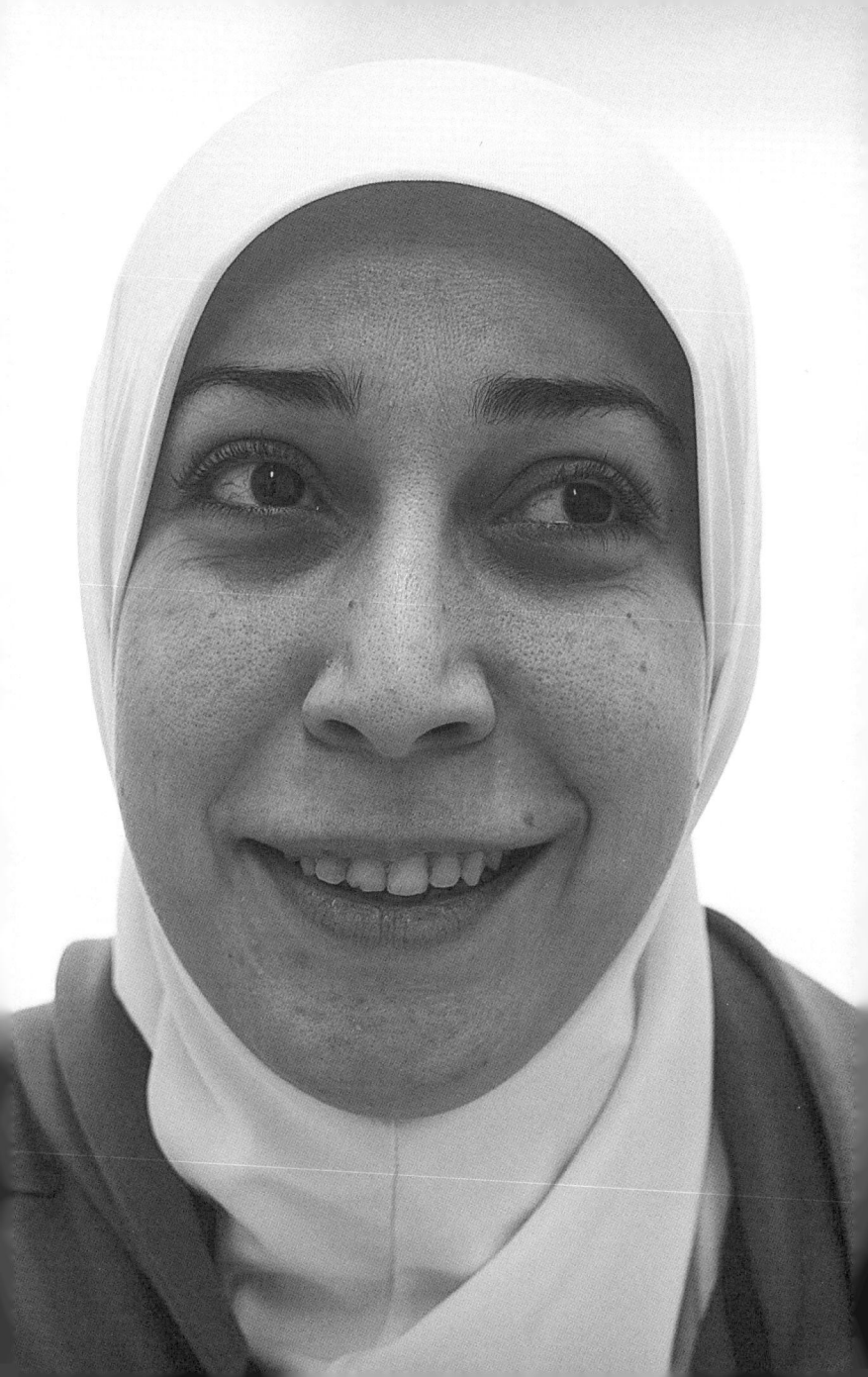

리나 아리잘라 30대, 필리핀

'사랑' 하면 떠오르는 것
하나님. 신앙이 있다 보니 제일 먼저 떠올라서.

리나 아리잘라에게 사랑이란?
나보다 다른 사람을 먼저 생각하는 태도요.

Lina Arizala 30-something, The Phillipine

What comes to mind when you think of 'love'?

God. Since I'm religious, it's the first thing that came to mind.

What is love to you?

Putting the other person first before myself.

루이찡 훼이 30대, 중국

'사랑' 하면 떠오르는 것

없다.

루이찡 훼이에게 사랑이란?

행복이요.

Lui, Zhing Hui 30-something, China

What comes to mind when you think of 'love'?

Nothing.

What is love to you?

Happiness.

둥소평 60대, 중국

'사랑' 하면 떠오르는 것
손녀. 너무 사랑스러우니까.

둥소평에게 사랑이란?
조건도, 계산도 없이 주는 것이요.

Dung, Sopyung 60-something, China

What comes to mind when you think of 'love'?

My granddaughter. She's absolutely adorable.

What is love to you?

Giving for the joy of giving and nothing more.

주웅내우 끄꾸인 20대, 베트남

'사랑' 하면 떠오르는 것
좋은 느낌. 기분이 좋아지니까.

주웅내우 끄꾸인에게 사랑이란?
즐겁게 생활해가는 힘.

Ju Ungneu Kkuin 20-something, Vietnam

What comes to mind when you think of 'love'?
Good vibrations.

What is love to you?
The source to the good life.

렌분 20대, 캄보디아

'사랑' 하면 떠오르는 것
남편. 제일 먼저 떠오르니까.

렌분에게 사랑이란?
선하고 예쁜 마음으로 서로를 대하는 것.

Ren Buhn 20-something, Cambodia

What comes to mind when you think of 'love'?
My husband.

What is love to you?
Treating each other with respect and consideration.

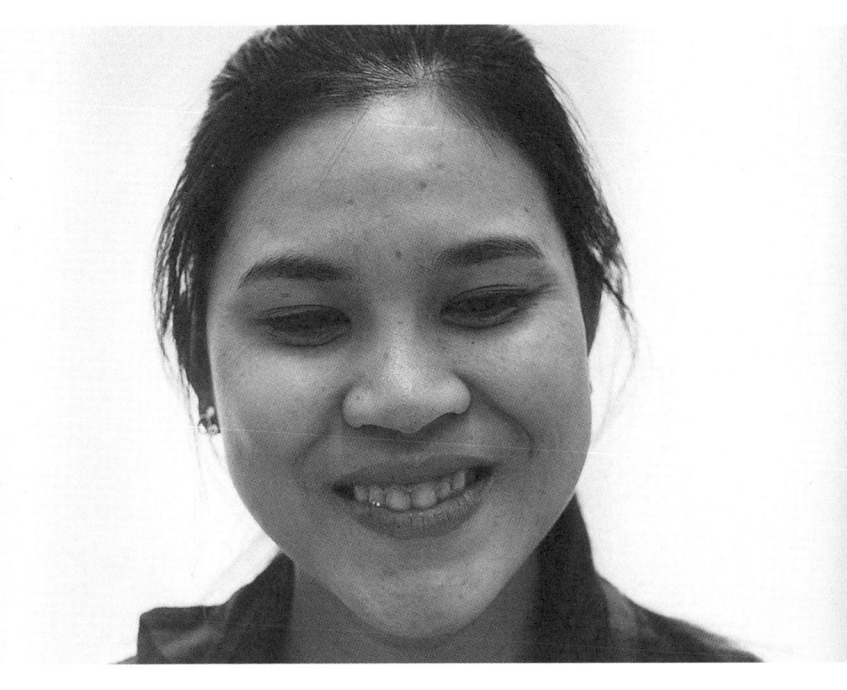

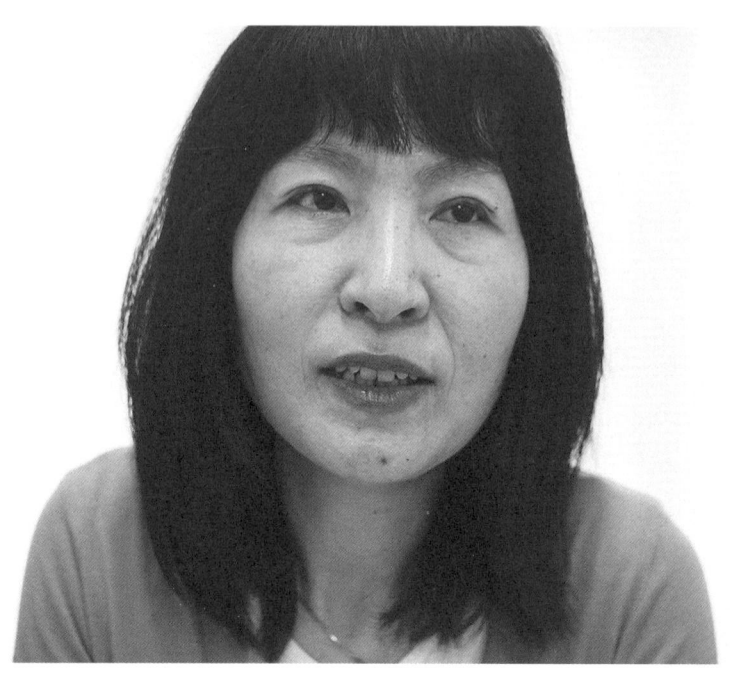

이숙주 50대, 한국

'사랑' 하면 떠오르는 것

온유함. 편안하고 따뜻한 느낌이 드니까.

이숙주에게 사랑이란?

삶을 힘들지 않게 해주는 거요. 때로는 용서할 수 있는 힘도 주고요.

Lee, Sukju 50-something, Korea

What comes to mind when you think of 'love'?

Warmth. Love is warm and secure.

What is love to you?

Something that gives us strength in life. It also gives us the courage to forgive.

미호코 안 50대, 일본

'사랑' 하면 떠오르는 것
딸. 제일 먼저 떠오르니까.

미호코 안에게 사랑이란?
20년을 함께한 친구 같은 딸이에요.

Mihoko An 50-something, Japan

What comes to mind when you think of 'love'?
My daughter. She's the first thing that comes to mind.

What is love to you?
My daughter who has lived with me for 20 years as if she were a good friend.

포티안 엠마 40대, 필리핀

'사랑' 하면 떠오르는 것
감정. 마음의 움직임이 떠오르니까.

포티안 엠마에게 사랑이란?
삶에서 가장 중요한 것이에요. 사랑 없이는 살 수가 없을 것 같아요.

Portian Emma 40-something, The Philippines

What comes to mind when you think of 'love'?

Emotions.

What is love to you?

The most important thing in life. Life without love is no life.

로웨나 부스타만테 30대, 필리핀

'사랑' 하면 떠오르는 것
가족. 가족들과 보내는 행복한 시간이 생각나서.

로웨나 부스타만테에게 사랑이란?
진실, 희망, 행복, 인내, 아름다움이에요.

Lowena Bustamante 30-something, The Philippines

What comes to mind when you think of 'love'?
My family. Moments spent with them are happiness.

What is love to you?
Truth, hope, happiness, patience and beauty.

왕금봉 40대, 중국

'사랑' 하면 떠오르는 것
자식. 아이의 인생을 위해 헌신하는 게 사랑이라고 생각하니까.

왕금봉에게 사랑이란?
서로 배려하고 관심을 갖는 거요.

Wang, Kumbong 40-something, China

What comes to mind when you think of 'love'?

Children. It's the devotion one gives to their child to survive in this world.

What is love to you?

Showing acknowledgement and attention to a loved one.

이케다 마유미 50대, 일본

'사랑' 하면 떠오르는 것
아들과 딸. 가족을 사랑하는 마음 때문에.

이케다 마유미에게 사랑이란?
살아가는 힘이지요.

Ikeda Mayumi 50-something, Japan

What comes to mind when you think of 'love'?
My son and daughter. I love my family.

What is love to you?
Energy of life.

가쿠다 노리코 40대, 일본

'사랑' 하면 떠오르는 것
아이들. 고맙고 사랑하는 마음이 드니까.

가쿠다 노리코에게 사랑이란?
함께 성장하는 힘이겠지요.

Kakuda Noriko 40-something, Japan

What comes to mind when you think of 'love'?

My children. I love them with all my heart and am grateful they are in my life.

What is love to you?

The energy of growing together.

소윤미 30대, 한국

'사랑' 하면 떠오르는 것
남편. 아버지 가는 길을 함께해준 그의 사랑이 크게 남아서.

소윤미에게 사랑이란?
희생요. 사랑이라는 단어는 아름답지만 이루고 지키려면 포기해야 하는 것도 많으니까요.

So, Yunmi 30-something, Korea

What comes to mind when you think of 'love'?

My husband. He is like a father figure.

What is love to you?

Sacrifice. One has to give up so much in order to love another.

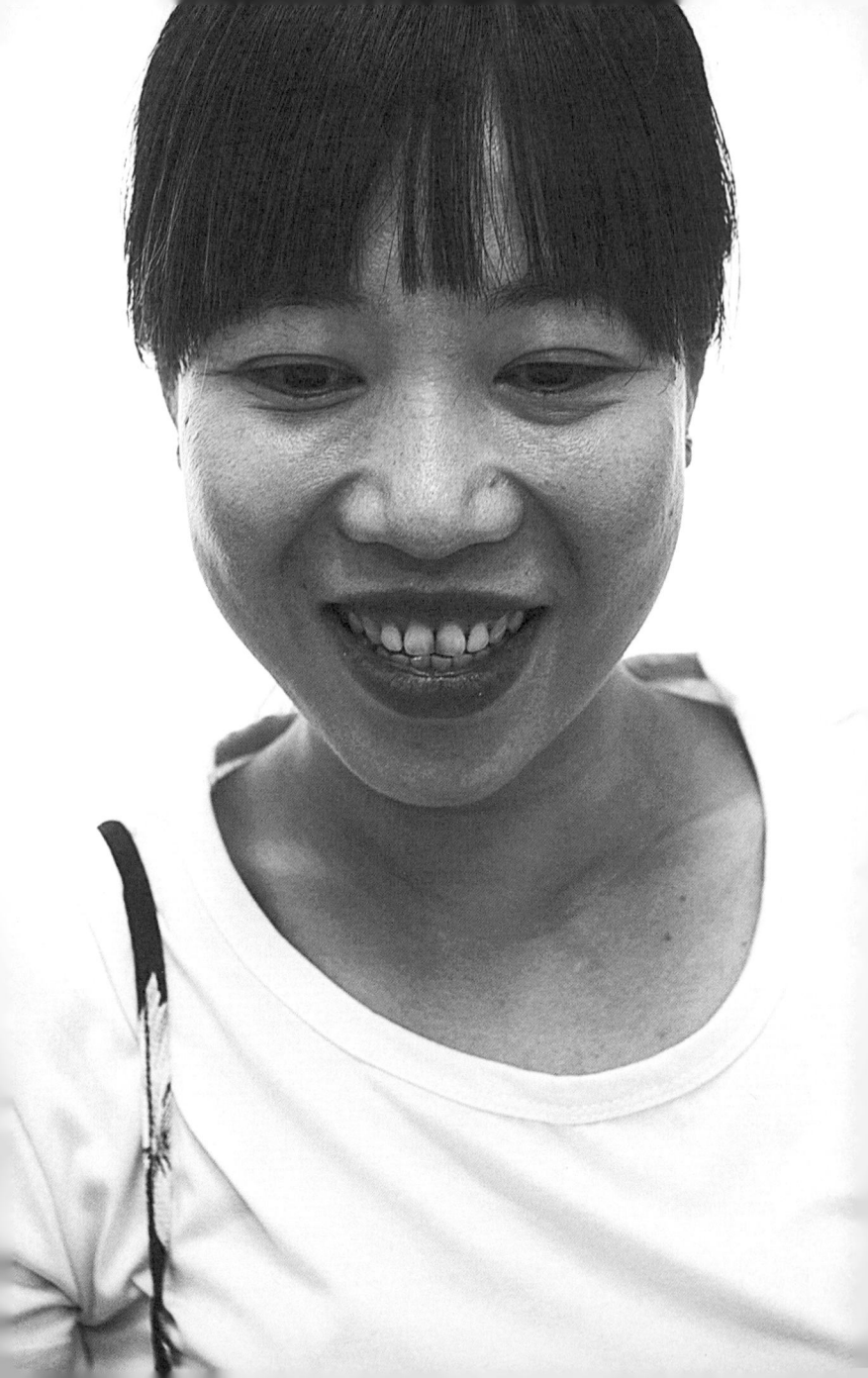

니구앤 지즈 30대, 베트남

'사랑' 하면 떠오르는 것
보고 싶은 것. 사랑하면 만나고 싶으니까.

니구앤 지즈에게 사랑이란?
함께 행복하게 잘 살아가는 거요.

Nyguen, Digi 30-something, Vietnam

What comes to mind when you think of 'love'?
The person that I miss. I'd want to see them often.

What is love to you?
To live happily ever after.

딜도라 툴라자노와 20대, 우즈베키스탄

'사랑' 하면 떠오르는 것
가족. 아이가 제일 먼저 생각나니까.

딜도라 툴라자노와에게 사랑이란?
가족이 함께 잘 사는 거요.

Dildora Tulazanowa 20-something, Uzbekhistan

What comes to mind when you think of 'love'?
My family. Especially, my children.

What is love to you?
Living happily ever after with my family.

니셀린 비 20대, 마다가스카르

'사랑' 하면 떠오르는 것
잘 모르겠다, 없다.

니셀린 비에게 사랑이란?
당분간 하고 싶지 않은 것이에요.

그는 현재 여섯 살 된 아들을 키우고 있고, 남편은 4년 전 집을 나갔다고 말했다. "아들이 없었다면 다시 사랑하고 결혼하는 것을 꿈꿨을지 몰라요. 힘들고 지칠 때도 있지만 아들을 보면 힘이 나요." 니셀린 비는 요즘 아들에게 큰 위로를 얻고 그 사랑에 산다. "가정을 돌보거나 책임지지 않고 떠나는 남자가 이곳에는 아주 많아요. 그래서 그런지 사랑, 남자 하면 지금은 '나쁜 것'이 떠오르네요." 바빠 아이를 키우는 시간을 보낸 후 편안해지면 포근한 사랑을 해보고 싶단다. "나중에, 혹시 좋은 사람이 나타나면 다시 사랑할 수도 있겠죠."

Niselin B. 20-something, Madagascar

What comes to mind when you think of 'love'?
I don't know.

What is love to you?
Something that is not on my priority list.

팡팡장 30대, 중국

'사랑' 하면 떠오르는 것

따뜻함. 포근한 느낌이나 선한 모습이 생각나니까.

팡팡장에게 사랑이란?

굳이 말하지 않아도 서로를 깊이 아는 거요.

Fangfang Zhang 30-something, China

What comes to mind when you think of 'love'?

Warmth and innocence.

What is love to you?

The depth of knowing another person like the back of your hand.

이길순 60대, 한국

'사랑' 하면 떠오르는 것
남녀의 사랑. 그냥 그게 제일 먼저 생각나서.

이길순에게 사랑이란?
한 번도 생각 안 해봤네요. 이제라도 생각해봐야겠어요.

한동안 생각에 잠긴 그가 입을 열었다. "조건 없이 주는 것, 그게 제가 하는 사랑 같아요. 기대가 없으니 실망도 적거든요." 그런 사랑, "힘들지 않냐"고 물었다. "힘들죠. 좀 버거울 때도 있지만 어떤 관계 속 사랑이든 돌아올 것을 기대하지 않고 제가 하는 것에 만족하면 그나마 덜 힘들어서, 그래서 그런 사랑을 하는지도 모르죠."

Lee, Kilsun 60-something, Korea

What comes to mind when you think of 'love'?
Love between a man and a woman.

What is love to you?
I never thought about it. I will start to from now on.

이희연 30대, 한국

'사랑' 하면 떠오르는 것
꽃다발. 꽃과 사랑은 받으면 마냥 좋으니까.

이희연에게 사랑이란?
물음표요. 매일매일 궁금하니까요.

Lee, Huiyeon 30-something, Korea

What comes to mind when you think of 'love'?

A bouquet of flowers. Receiving a bouquet of flowers and love, is endless joy.

What is love to you?

Question mark. Because it makes me curious everyday.

김정덕 40대, 한국

'사랑' 하면 떠오르는 것
책임감. 힘들면 놓아버리고 좋을 때만 하는 것은 사랑이라고 하기 힘드니까.

김정덕에게 사랑이란?
가족. 가족에 대한 깊은 마음요.

Kim, Jeongdeok 40-something, Korea

What comes to mind when you think of 'love'?

Responsibility. You can't call it love if you don't stick around when things get tough.

What is love to you?

Family. My feelings for my family.

# 황진아 30대, 한국

'사랑' 하면 떠오르는 것
추억. 지나간 사람들이 생각나서.

황진아에게 사랑이란?
자존감이에요. 나 자신을 사랑하는 게 가장 중요하다고 생각해요.

Hwang, Jinah 30-something, Korea

What comes to mind when you think of 'love'?
Memories.

What is love to you?
Self-esteem. You have to love yourself first before you can love others.

셍 말린 20대, 캄보디아

'사랑' 하면 떠오르는 것
아이. 행복한 생각이 드니까.

셍 말린에게 사랑이란?
마음이 좋아지는 거요. 즐거움과 행복한 마음이 저절로 드는 것이지요.

Seng Marlin 20-something, Cambodia

What comes to mind when you think of 'love'?

Children, it brings happy thoughts

What is love to you?

Something that makes me feel better. Something that brings joy and happiness

인순이 50대, 한국

'사랑' 하면 떠오르는 것
이해. 사랑한다는 건 그 사람의 모든 걸 이해하고 받아들이는 거니까.

인순이에게 사랑이란?
이해요. 상대 입장에서 진심으로 공감, 교감해주는 것이지요.

In, Sooni 50-something, Korea

What comes to mind when you think of 'love'?

Understanding.

What is love to you?

Understanding. To love someone means to understand and accept everything about that person.

김재문 50대, 한국

'사랑' 하면 떠오르는 것
없네요.

김재문에게 사랑이란?
나누는 것? 제게 있는 걸 다 주는 것, 사랑하면 주고 싶어지니까요.

Kim, Jaemun 50-something, Korea

What comes to mind when you think of 'love'?
Nothing.

What is love to you?
Sharing? To give everything that I have, I want to give when I fall in love.

김미숙 50대, 한국

'사랑' 하면 떠오르는 것
기쁨. 눈을 뜨자마자 기분 좋아지는 감정이니까.

김미숙에게 사랑이란?
삶이에요. 바느질하는 사람인데 그걸 하는 동안 행복하니까요.

Kim, Misuk 50-something, Korea

What comes to mind when you think of 'love'?

Happiness. You feel better as soon as you open your eyes.

What is love to you?

Life, I am a seamstress but it makes me happy while I am doing that.

데니 무슬림 40대, 인도네시아

'사랑' 하면 떠오르는 것
사람들. 사람들과 나누는 감정이니까.

데니 무슬림에게 사랑이란?
모든 것에 최선을 다할 수 있게 해주는 힘이에요.

Denny Muslim 40-something, Indonesia

What comes to mind when you think of 'love'?

People, it's a feeling between people.

What is love to you?

It gives you the strength to do your best in everything.

주규만 70대, 한국

'사랑' 하면 떠오르는 것
평화. 보기만 해도 그저 좋은 것이니까.

주규만에게 사랑이란?
십자가요. 큰 희생이 필요하니까요.

Ju, Kyuman 70-something, Korea

What comes to mind when you think of 'love'?

Peace, just seeing eachother makes you happy

What is love to you?

The cross, it requires a lot of sacrifice.

김수복 60대, 한국

'사랑' 하면 떠오르는 것

어려움. 깊이 파고들수록 더 어려운 것이니까.

김수복에게 사랑이란?

너무 어려운 것이에요. 저는 사랑이 너무 어렵더라고요.

Kim, Subok 60-something, Korea

What comes to mind when you think of 'love'?

Difficulty. It gets harder the deeper you go.

What is love to you?

Something very challenging. Everything was difficult for me.

김광진 40대, 한국

'사랑' 하면 떠오르는 것
주는 것. 주는 게 편하니까.

김광진에게 사랑이란?
다 주고 싶은 것. 돈 드는 것도 아니잖아요.

김광진 씨는 '사랑'이라는 말에 잠시 생각에 잠기는 듯했다. "흠뻑 주다가도 가끔 받고 싶고. 아픈 이별을 해봐서 그런지 다음 사랑은 따뜻했으면 좋겠어요." 그는 인터뷰 내내 '충분히', '뜨겁게', '무조건', '흠뻑'이란 단어를 많이 썼다. 이전 사랑에서 못했던, 아쉬웠던 부분을 채우고 싶다고 했다. "충분히 주고 싶어요. 항상 옆에 있고 싶고요. 20대처럼 순수하고 열정적으로 마음만큼 표현하며 뜨겁게 사랑하고 싶네요."

Kim, Kwangjin 40-something, Korea

What comes to mind when you think of 'love'?
Giving, giving is convenient.

What is love to you?
Something I want to give everything that I have. Love doesn't cost a thing.

밥장 40대, 한국

'사랑' 하면 떠오르는 것

낯섦. 사랑의 형태가 무척 다양하니까.

밥장에게 사랑이란?

잘 모르겠어요. 아직 확신이 없고 여전히 물음표가 드네요.

그는 "사랑이 뭔지 잘 모르겠다"는 표현을 여러 번 했다. "나이도 있고 결혼도 해봤고 지금은 애인도 있고 친구도 있는데, 사랑이라는 것이 여전히 모호하고 명확하지 않아요. 혹시 실체가 없는 건 아닐까라는 생각도 들고요." 밥장 씨는 "달콤한 것인가, 따뜻한 것인가 스스로 계속 물어도 확신이 없어요. 잘 모르니 규정돼 있지 않은 것 아니겠느냐"며 "어쩌면 없는데 그 상태에 대해 강요받는 것 같기도 하다"고 말했다. 그는 이어 "굳이 사랑이란 단어를 입에 올리지 않아도 그런 충만한 상태를 느끼며 살기에 족하다"며 "그 상태를 그냥 즐기며 살면 되지 않을까요?"라고 되레 물었다.

Bob Jang 40-something, Korea

What comes to mind when you think of 'love'?

Unfamiliarity. Our definition of the types of love is different.

What is love to you?

I am not sure. I'm not certain and the question mark still comes.

아노 카르토크밀 20대, 오스트리아

'사랑' 하면 떠오르는 것
깊은 관계. 서로 거리감이 없어야 하니까.

아노 카르토크밀에게 사랑이란?
서로 아끼고 돌보는 것. 아주 특별한 사이니까요.

Ano Kartokmil 20-something, Austria

What comes to mind when you think of 'love'?

Deep connection, you shouldn't feel any distance between the other person.

What is love to you?

To cherish and take care of each other.

조엘 코 20대, 싱가포르

'사랑' 하면 떠오르는 것
여자친구. 외로움을 느끼지 않게 해주니까.

조엘 코에게 사랑이란?
감정의 선물이요. 나를 바뀌게도 해주는 귀한 선물이니까요.

Joel Koh 20-something, Singapore

What comes to mind when you think of 'love'?

Girlfriend, she doesn't make me feel lonely.

What is love to you?

It's an emotional present. It's a present that can change me.

마데 말리 50대, 인도네시아

'사랑' 하면 떠오르는 것
엄마. 열정적인 사랑이 넘치던 분이라서.

마데 말리에게 사랑이란?
다툼 없이 서로 나누며 매일 함께 소소한 시간을 평화롭게 보내는 것이 아닐까요?

Madeh Marly 50-something, Indonesia

What comes to mind when you think of 'love'?
Mom, she overflowed with devoted love.

What is love to you?
Peacefully spending the tedious everyday things with each other without arguing.

신미식 50대, 한국

'사랑' 하면 떠오르는 것
보고 싶은 것. 돌아서면 바로 생각나니까.

신미식에게 사랑이란?
'뒤돌아섬'이에요. 항상 헤어지자마자 다시 돌아보고 싶어지니까요.

Shin, Misik 50-something, Korea

What comes to mind when you think of 'love'?
Something I want to see. It comes to mind as soon as I turn around.

What is love to you?
Saying goodbye and wanting to see that person at the same time.

손복순 60대, 한국

'사랑' 하면 떠오르는 것

나를 비우는 것. 사랑하면 상대가 원하는 대로 해주게 되니까.

손복순에게 사랑이란?

삶이죠. 삶!

Son, Boksun 60-something, Korea

What comes to mind when you think of 'love'?

Emptying myself. When you're in love, you want to do what the other person wants.

What is love to you?

It's life. Life!

정승환 30대, 한국

'사랑' 하면 떠오르는 것
파스텔 톤 핑크색. 때 묻지 않은 깨끗한 느낌 때문에.

정승환에게 사랑이란?
재미있고 신나는 일을 같이 만들어가는 것.

Jung, Seunghwan 30-something, Korea

What comes to mind when you think of 'love'?
Pastel Pink. It is a pure color for me.

What is love to you?
Doing something exciting with someone else.

이형남 30대, 한국

'사랑' 하면 떠오르는 것

생명력. 파릇파릇한, 싱싱한, 살아 있는 숲 같은 장면이 떠올라서.

이형남에게 사랑이란?

무장 해제? 꽁꽁 싸매지 않고 치부까지도 보여줄 수 있잖아요. 뭐든지 괜찮다고 말해주는 자세랄까요?

Lee, Hyungnam 30-something, Korea

What comes to mind when you think of 'love'?

Vitality from a forest.

What is love to you?

Being vulnerable.

이환희 40대, 한국

'사랑' 하면 떠오르는 것
어머니. 나이가 들수록 미처 깨닫지 못한 어머니의 사랑을 가슴 깊이 느끼게 되어서.

이환희에게 사랑이란?
무조건적이고 변하지 않는 거요.

Lee, Hwanhui 40-something, Korea

What comes to mind when you think of 'love'?
My mother. The older I get, the more I realize how amazing her love is.

What is love to you?
Something unconditional and forever.

김현희 50대, 한국

'사랑' 하면 떠오르는 것

고통. 사랑을 주려니까 어떻게 주는지를 몰라 고통스러워서.

김현희에게 사랑이란?

모르겠어요. 설명할 수도 없고 정말 모르겠어요.

Kim, Hyunhui 50-something, Korea

What comes to mind when you think of 'love'?

Growing pains.

What is love to you?

I don't know nor can I explain it.

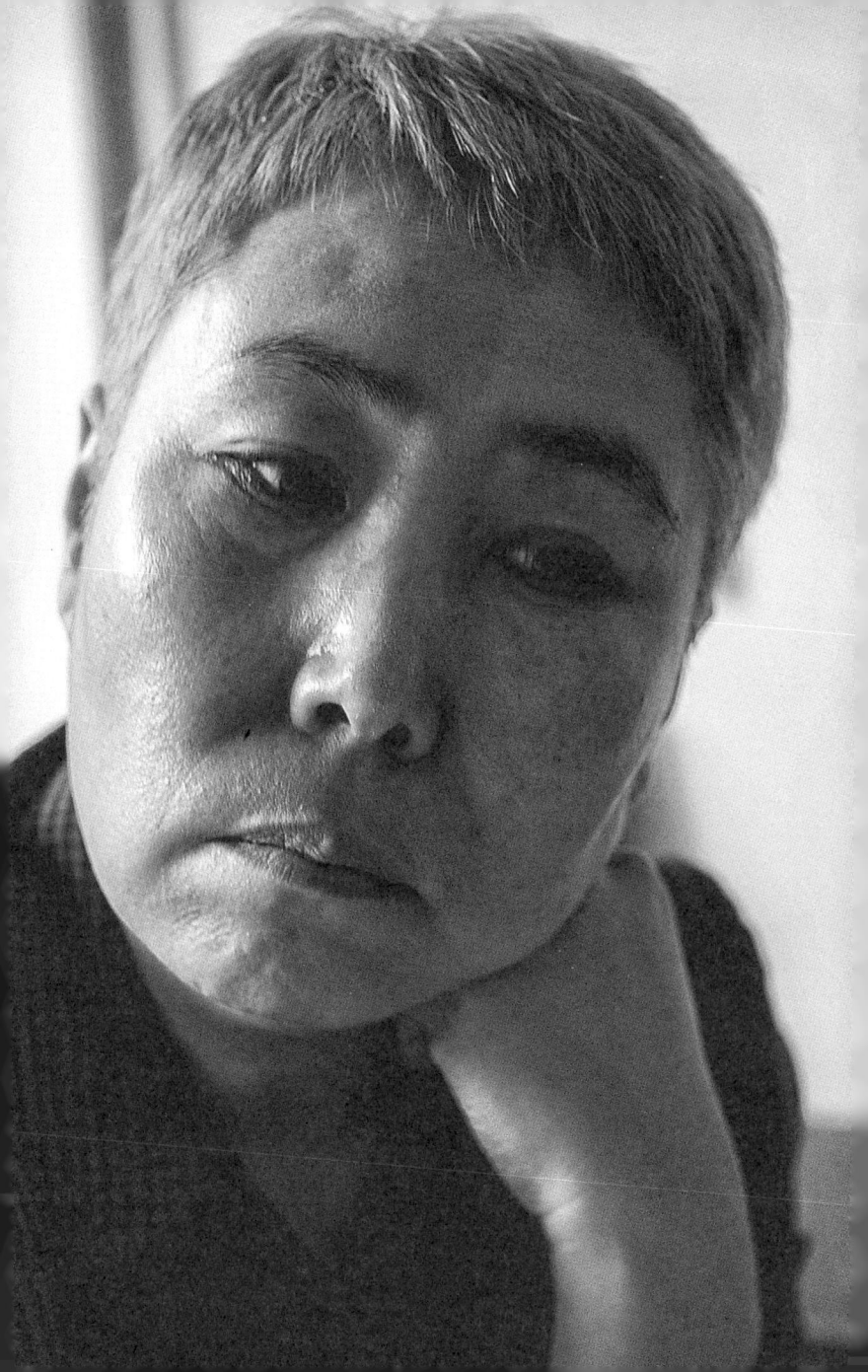

정윤옥 50대, 한국

'사랑' 하면 떠오르는 것
심한 외로움. 갖고 싶은 욕심 때문에 오히려 더 외로움을 느끼니까.

정윤옥에게 사랑이란?
동행할 수 없는 외로움이에요. 제 사랑은 제가 다가서는 만큼 늘 멀어졌어요.

Jung, Yunok 50-something, Korea

What comes to mind when you think of 'love'?
Extreme loneliness.

What is love to you?
It has been a one way street for me. The closer I got to a person, the further away they went.

정회성 50대, 한국

'사랑' 하면 떠오르는 것
십자가. 천주교 신자로서 참사랑을 실천하신 예수님의 사랑을 십자가에서 볼 수 있기를 매일 기도하니까.

정회성에게 사랑이란?
밝은 웃음으로 평화롭게 내 짝 크리스티나를 아끼며 사는 거요.

Jung, Hweseong 50-something, Korea

What comes to mind when you think of 'love'?
A cross. As a Catholic, I pray with a cross every day as it an expression of God's love for us.

What is love to you?
Peacefully looking after Christina, my life-long love.

홍성남 50대, 한국

'사랑' 하면 떠오르는 것
생명 또는 생물. 왔다가 사라지니까.

홍성남에게 사랑이란?
새로 태어남이에요. 사랑을 만나 원래 살던 궤도에서 벗어나 살게 됐으니까요.

Hong, Sungnam 50-something, Korea

What comes to mind when you think of 'love'?
Life. Life expires.

What is love to you?
A new beginning. Once you fall in love, you embark on a new journey.

조용원 50대, 한국

'사랑' 하면 떠오르는 것
아내의 웃는 모습. 그 모습이 너무 예뻐서.

조용원에게 사랑이란?
선한 마음으로 이웃을 대하는 태도요.

Jo, Yongwon 50-something, Korea

What comes to mind when you think of 'love'?
My wife's beautiful smile.

What is love to you?
Generosity towards one's neighbors.

마
지
막.

죽음.

'죽음'이란 단어가 더는 낯설지 않다.
슬프지도 아프지도 두렵지도 않고, 그저 담담하다.

편안함.
언제 오더라도 자연스럽게 받아들이는 일.
그 준비를 언젠가부터 매일 한다.

죽기 전 남기고 싶은 것은 어떻게 삶을 살고 싶은지에 대한 이야기라 생각했다.
삶을 잘 마무리하고 가는 것은 죽음을 잘 맞는 것이라 생각했다.
그 준비를 한다.

오늘을 흡족하게 살아내는 것.
뜨거운 오늘을 보내는 것.
까르르 웃으며 오늘을 사는 것.

그 오늘이 많아지는 것.

아픈 오늘도
힘든 오늘도
슬픈 오늘도 있을 것이다.
그 오늘은 잘 흘려보내면 된다.

삶을 마감하는 날,
이 정도면 충분했다고, 그동안 애 많이 썼다고 스스로에게 말할 수 있는 사람이라면 더없이 행복하겠다.

오늘도
그 오늘을 산다.

매일 그렇게 삶을 살고
예쁜 죽음을 준비한다.

사라 이브라힘 20대, 에티오피아

'죽음' 하면 떠오르는 것
엄마. 가족 중에 다음 차례가 엄마일 것 같아서.

사라 이브라힘이 죽기 전 남기고 싶은 유산(legacy)은?
저를 기억해주는 무언가를 남기기보다 살아 있는 동안 제가 할 수 있는 것을 충실히 하며 살고 싶네요.

사라 이브라힘은 수줍어하며 인터뷰하기를 망설이더니 친구가 부추기자 응했다. 한국에 온 이유가 궁금했다. "교육 분야, 특히 가르치는 일에 관심이 있었어요. 그것을 잘할 수 있는 곳을 찾다가 한국을 만났어요." 한국에서 1년을 머물며 일했고, 얼마나 더 있을지 아직 모른다. 타국에서 1년, 힘든 부분도 있을 듯했다. "영어를 가르치고 돈을 벌기는 좋은데 친구 사귀기가 어려워요. 깊은 대화를 나누고 마음을 나눌 수 있는 친구를 사귈 수 있으면 더 좋을 텐데 말이죠." 그는 에티오피아 하라르 출신이지만 부모의 이민으로 미국에서 자랐다. "고향이 그립죠, 당연히. 3년 전 에티오피아에 갔는데 제가 가서 할 일이 많이 있는 것 같았어요. 다시 기회를 만들어 꼭 가려고 해요. 교육뿐만 아니라 그게 무엇이든 시스템을 만들어가는 과정에 제가 힘을 보탤 수 있으면 보람 있을 것 같아요. 제 뿌리인 곳이니까요." 그는 '서로 도우며 모두가 잘 살 수 있는 것'에 관심이 많다. 그의 인생철학이기도 하고. "세계 평화, 너무 식상해요?" 까르르 웃는 사라 이브라힘, 그는 마지막까지 그렇게 살고 싶다고 했다.

Sara Ibrahim 20-something, Ethiopia

What comes to mind when you think of 'death'?
My mother. I feel like she is the next one to leave.

What is the legacy you want to leave before you die?
I prefer to live each moment to the fullest rather than leave something behind that people could remember me by.

김금령 70대, 한국

'죽음' 하면 떠오르는 것
슬픔. 모든 것과 이별하게 되니까.

김금령이 죽기 전 남기고 싶은 유산(legacy)은?
사랑이에요, 사랑.

Kim, Keumlyung 70-something, Korea

What comes to mind when you think of 'death'?
Sadness. Everything will break down and disappear.

What is the legacy you want to leave before you die?
Love.

브라이언 왕 20대, 홍콩

'죽음' 하면 떠오르는 것
멀다는 생각. 생각을 안 해봐서.

브라이언 왕이 죽기 전 남기고 싶은 유산(legacy)은?
사는 동안 많은 경험을 하고, 필요한 곳에서 사람들을 도우며 살고 싶어요.

브라이언 왕은 심오한 질문이라며 잠시 생각에 잠겼다. "사람들의 삶이 조금이나마 나아지게 만드는 사람이 되려면 제가 다양한 경험을 하고 저부터 나아지는 사람이 되어야겠죠?" 그는 한국에 머문 지 7개월째다. 가르치는 일에 관심이 있던 차에 한국 친구가 추천해 오게 됐다. "다양한 나라에서 그곳의 문화를 체험하며 살아보고 싶어요. 언어를 배운다는 건 그냥 말과 글을 배우는 게 아니라 역사와 문화까지 배우는 거잖아요. 그런 것들을 배워 사람들과 나누고 싶어요." 사람들을 돕는 일을 하고 싶은 까닭이 무엇일까? "한 기관에 소속돼 일하던 때 필리핀 자연재난 복구팀 일원으로 파견됐어요. 그들이 다시 자립해 잘 살아갈 수 있도록 지원하는 일을 하며 느낀 게 많았죠. 뭉클하고 진한 감동, 그리고 깊은 여운. 오랫동안 잊히지 않았어요. 평생 이런 일을 하며 살아야겠다는 생각을 하게 됐어요." 지금 한국에 머무는 이 시간도 그 길로 가기 위한 과정이라고 했다. 남기고 싶은 유산을 다시 물었다. "그냥 그렇게 살아가는 것, 그것 아닐까요?"

Brian Wang 20-something, Hongkong

What comes to mind when you think of 'death'?
Something that is very distant. I never really thought about it.

What is the legacy you want to leave before you die?
As long as I'm alive, I want to experience as much as possible and help people wherever they may be.

폴 비버스 50대, 미국

'죽음' 하면 떠오르는 것
누나. 어릴 적 병으로 먼저 떠나보낸 누나에 대한 아픔과 그리움 때문에.

폴 비버스가 죽기 전 남기고 싶은 유산(legacy)은?
반듯한 아이들요. 아들과 딸이 따뜻하게 자라 좋은 일로 사람들을 도우며 살아가기를 바라요.

Paul Bevers 50-something, United States of America

What comes to mind when you think of 'death'?
My older sister. She died when I was little to due to sickness. I miss her very much.

What is the legacy you want to leave before you die?
I want my son and daughter to become model citizens who can be helpful to society.

김연숙 50대, 한국

'죽음' 하면 떠오르는 것
걱정. 남겨질 사람들이 생각나서.

김연숙이 죽기 전 남기고 싶은 유산(legacy)은?
"사랑이지요. 사랑했고, 사랑받은 존재였음을 기억하는 거요."

김연숙 씨는 망설임 없이 '사랑'이라고 답했다. "남은 사람들이 저라는 사람을 떠올렸을 때 '참 사랑스러운 사람이었다'고 기억해주면 좋겠어요." 그는 나이 들어가는 게 참으로 편안하다. 죽음에 대해 깊이 생각해본 적은 없지만 두려움도 없다. "세월이 지날수록 지혜가 생기는 듯해요. 가까운 사람들과 사랑을 주고받으며 마음이 풍요로워지는 감정이 저를 더 너그럽게 해주는 것 같고요." '사랑' 때문에 마음의 여유도 생기고 살아가는 게 재미있다. "사랑받고 있다는 느낌은 중요한 것 같아요. 가족 안에서 그것들이 해결되니 매일 마음이 편안하고 즐겁죠." 삶을 마무리할 때 무슨 말을 마지막으로 남기고 싶은지 물었다. "'참 행복했었다.' 그냥 그럴 것 같아요."

Kim, Yeonsuk 50-something, Korea

What comes to mind when you think of 'death'?
Worry. For the people that are left behind

What is the legacy you want to leave before you die?
Love? I want to remember the things that I loved and the fact that I was loved.

이응준 30대, 한국

'죽음' 하면 떠오르는 것

편안함. 힘든 과정을 지나 죽음에 다다르는 것 같아서.

이응준이 죽기 전 남기고 싶은 유산(legacy)은?

없어요. 다만 저에게나 다른 사람에게나 후회가 남지 않는 삶이기를 바라요.

Lee, Eungjun 30-something, Korea

What comes to mind when you think of 'death'?

Comfort. Death is the end of struggle.

What is the legacy you want to leave before you die?

Nothing. I don't want to live life by burdening myself nor someone else. It's all about having no regrets.

김은성 40대, 한국

'죽음' 하면 떠오르는 것
이제 끝났다. 사는 게 힘들어서.

김은성이 죽기 전 남기고 싶은 유산(legacy)은?
"없어요. 흔적이 없었으면 좋겠어요."

김은성 씨는 할 얘기가 별로 없다며 인터뷰를 사양하다가 응했다. 흔적도 없이 가고 싶은 이유가 궁금했다. "그냥 남기고 싶지 않으니까요. 제가 살아온 게 그다지 마음에 들지 않거든요." 마지막 순간이라 상상해봤을 때 하고 싶은 말은 혹시 있을까. "끝났다." '그게 다'라고 했다. 다만 죽음에 대해 바라는 것은 있다고 말했다. "혹시 신이 저에게 마지막 기회를 준다면 제가 저를 묻고 가고 싶어요. 너무 허무맹랑한 꿈같은 얘기지만요. 마무리까지 내 힘으로 하고 싶은 마음…… 3분만 더 살면 될 텐데……"

Kim, Eunseong 40-something, Korea

What comes to mind when you think of 'death'?
The end. Life is so difficult.

What is the legacy you want to leave before you die?
Nothing, really. I rather not to leave a trace.

다이스케 이가미 30대, 일본

'죽음' 하면 떠오르는 것

리셋. 아무것도 없이 사라져버릴 테니까.

다이스케 이가미가 죽기 전 남기고 싶은 유산(legacy)은?

살아온 경험을 주변 사람에게 남기고 싶어요.

Daisuke Igami 30-something, Japan

What comes to mind when you think of 'death'?

Pushing the reset button. Leaving nothing behind-as it all disappears.

What is the legacy you want to leave before you die?

To enhance the lives of people around me with my personal experiences.

오진순 60대, 한국

'죽음' 하면 떠오르는 것
부활. 몸은 없어져도 정신은 살아 있을 거라고 생각하니까.

오진순이 죽기 전 남기고 싶은 유산(legacy)은?
사람들에게 잘 살았다는 얘기를 듣고 싶어요.

Oh, Jinsun 60-something, Korea

What comes to mind when you think of 'death'?
Resurrection. Although the physical body withers away, our consciousness is alive.

What is the legacy you want to leave before you die?
I would want to hear people say that I lived a good life.

자오시아 올자크 20대, 마다가스카르

'죽음' 하면 떠오르는 것
할아버지. 돌아가시기 전 많이 편찮으셨던 할아버지의 모습이 생각나서.

자오시아 올자크가 죽기 전 남기고 싶은 유산(legacy)은?
아들을 제대로 교육시키고 싶어요.

자오시아 올자크는 유산과 죽음이라는 단어 자체가 낯설다며 생각에 잠겼다. "열심히 살며 제가 목표한 것들을 이루고 돈을 많이 벌어 아들에게 집을 물려주고 싶네요." 그는 가족을 위한 삶을 살고 싶다고 말했다. "부모님의 지원으로 대학에 갔고 여기까지 올 수 있었어요. 무엇을 하고 싶은지, 무엇을 할 수 있는지 고민할 수 있게 해준 부모님께 감사해요. 그 영향 때문이겠죠? 저 역시 아들에게 그런 아버지가 되고 싶어요." 올자크는 "돈을 많이 벌고 싶은 게 아니라 좋은 아버지로 살기 위해 능력을 쌓고 그 역할을 충실히 하고 싶은 것"이라고 강조했다. "돈은 아무것도 아니에요. 가족을 위해 가치 있게 쓰고 싶고, 그 최대치를 남겨주고 떠나고 싶을 뿐이죠."

Jaosia Olzack 20-something, Madagascar

What comes to mind when you think of 'death'?
My grandfather. He struggled up until his very last breathe.

What is the legacy you want to leave before you die?
Making sure that my son gets the best education possible.

김하늬 20대, 한국

'죽음' 하면 떠오르는 것
할아버지. 가족 가운데 가장 먼저 돌아가신 분이라서.

김하늬가 죽기 전 남기고 싶은 유산(legacy)은?
제 이름이 적힌 소설책요. 소설가가 되고 싶거든요.

김하늬 씨에게 죽음을 언급하자 너무 심오한 주제라며 낯설어했다. 한동안 생각에 잠겨 있던 그는 "딱히 죽음을 깊이 생각해본 적이 없다"며 입을 열었다. "'죽음'을 생각하면 허무주의에 빠질 것 같아서 애초에 생각을 잘 안 하는 것 같아요. 저희 장례 문화는 고인을 회고하고 추억하기보다는 너무 엄숙하고 무겁기만 하잖아요. 그 영향이 있을 수도 있고요." 너무 먼 이야기 같기도 하고, 무게감이 있다 보니 남기고 싶은 유산도 생각해본 적이 없다는 그는 생각을 가다듬는 듯하더니 말했다. "그게 다예요."

Kim, Hanui 20-something, Korea

What comes to mind when you think of 'death'?
My grandfather. He was the first person in the family to pass away.

What is the legacy you want to leave before you die?
A book with my name on it. I want to be a writer.

남태영 30대, 한국

'죽음' 하면 떠오르는 것
다시 지구의 일부가 되는 것. 지구 입장에서 보면 사람은 극히 일부분일 테니까.

남태영이 죽기 전 남기고 싶은 유산(legacy)은?
없어요. 운이 좋아 제가 찍은 사진이 남으면 좋겠지만, 그 외에 남기고 싶은 건 딱히 없네요.

남태영 씨는 죽음에 대한 생각을 자주 하는 편이라고 했다. "저를 돌아볼 수 있는 계기가 되니까요. 나 자신에게 부끄럽지 않게 잘 살고 있는지, 다른 사람에게 혹시 피해를 주며 살고 있지는 않은지 살펴요. 도덕적으로나 윤리적으로나 말이에요." 그는 유한한 삶이기에 종종 자신을 돌아보며 반성도 하고 사람답게 살려고 노력하는 편이라고 말했다. "죽음을 생각하는 건 삶을 살아가는 데 아주 중요한 태도예요. 참다운 삶을 숙고하게 만들어주는 계기가 되거든요." '죽음'을 떠올릴 때 하고 싶은 말이 있는지 물었다. "글쎄요, 사진을 하며 마음이 여유로워졌고, 지금의 삶에 만족하고 있어요. 언제 죽음이 오더라도 아깝지 않을, 그런 하루하루를 보내고 싶네요."

Nam, Taeyoung 30-something, Korea

What comes to mind when you think of 'death'?
That I am becoming part of the earth again. From the earth's vantage point, people are part of the earth.

What is the legacy you want to leave before you die?
Nothing. If I'm lucky enough, perhaps a few portraits that I've taken but nothing else.

시오리 다나카 20대, 일본

'죽음' 하면 떠오르는 것
남겨질 가족. 너무 특별하니까.

시오리 다나카가 죽기 전 남기고 싶은 유산(legacy)은?
몸은 가더라도 영혼은 여기 이곳에 남기고 싶네요.

Shiori Danaka 20-something, Japan

What comes to mind when you think of 'death'?

My family. That special group of people will be left behind.

What is the legacy you want to leave before you die?

My physical body will disappear, but not my soul.

당명일 50대, 한국

'죽음' 하면 떠오르는 것
편안함. 모든 걸 다 잊을 수 있으니 편안할 것 같아서.

당명일이 죽기 전 남기고 싶은 유산(legacy)은?
장기 기증을 하고 싶어요. 다른 사람에게 조금이나마 도움이 되면 좋을 것 같아서요.

Dang, Myeongil 50-something, Korea

What comes to mind when you think of 'death'?
Relief. By then, I would have let go of everything.

What is the legacy you want to leave before you die?
I want to be an organ donor who could give others a second chance at life.

곽진규 30대, 한국

'죽음' 하면 떠오르는 것
두려움. 마음의 준비가 되지 않았을 때 아버지께서 갑자기 돌아가셔서.

곽진규가 죽기 전 남기고 싶은 유산(legacy)은?
애정과 신뢰로 맺어진 관계를 잘 형성해 제가 떠나도 남겨진 사람들이 서로 힘이 될 수 있었으면 좋겠어요.

Gwak, Jinkyu 30-something, Korea

What comes to mind when you think of 'death'?
Fear. I don't want to be unprepared for death like my father was when he suddenly passed away.

What is the legacy you want to leave before you die?
To leave behind a small group of people that I've deeply connected with who would be able to count on each other after I'm gone.

문상건 30대, 한국

'죽음' 하면 떠오르는 것
편안함. 잠드는 것과 별반 다를 것 같지 않아서.

문상건이 죽기 전 남기고 싶은 유산(legacy)은?
아무것도 남기지 않았으면 좋겠어요.

문상건 씨는 특히 감정적인 부분을 강조했다. "누가 저를 그리워하는 게 행복한 일이긴 하나 저 때문에 누군가가 아프기를 바라지 않아요. 기억해주는 게 조금 부담스럽기도, 부끄럽기도 할 것 같고요." 그는 사람들의 기억 속에서 최대한 편안하고 자연스럽게 사라지고 싶은 마음이 클 것 같다고 말했다. "없애고 싶은 게 물건은 아니에요. 가치나 의미가 담긴 추억 같은 것들, 결국 사람이나 그에 따르는 감정 같은 것이 제일 크지 않을까 싶어요." 그는 감정을 성숙하게 정리하는 것이 중요하다고 했다. 더 하고 싶은 말이 있는지 물었다. "마지막에는 가장 진실한 것만 남지 않을까요? 그게 무엇일지 저도 궁금하네요."

Moon, Sanggeon 30-something, Korea

What comes to mind when you think of 'death'?
I am not sure. I'm not certain and the question mark still comes

What is the legacy you want to leave before you die?
I do not want to leave anything thing behind.

모린 주벤 40대, 세이셸

'죽음' 하면 떠오르는 것
어머니. 어머니를 무척 사랑하고 어머니와 많은 것을 나누며 함께 살고 있는데 돌아가시면 빈자리가 클 것 같아서.

모린 주벤이 죽기 전 남기고 싶은 유산(legacy)은?
없어요. 오직 오늘을 위해서만 살고 싶네요.

모린 주벤은 "남길 것, 남겨줄 사람도 없다"고 말했다. "인생철학이 '내일은 없다'예요. 무엇을 위한 내일이겠어요? 아무 의미 없죠, 내일은." 그는 "물질을 많이 소유하는 것은 아무것도 아니다"라며 "오늘을 얼마나 만족스럽고 평온하게 사느냐가 중요하다"고 말했다. 주벤이 마헤섬을 사랑하는 이유이기도 하다. "이곳은 참 특별해요. 여기서 사는 많은 사람들이 이곳을 최고라 여기며 살아가죠. 사랑이 많은 곳이랄까요? 서로 아끼는 문화, 정신적 평화가 있는 곳이에요." 여행도 많이 했지만 세이셸만 한 곳이 없었다. 관광 산업이 발달한 이곳의 특수성도 한몫했다. "여러 나라에서 많은 여행자가 오니 늘 여행을 와 있는 느낌, 그 설렘도 있지요." 모린 주벤은 갤러리 큐레이터 16년 차다. 그전에는 호텔과 레스토랑에서 일했다. 그림을 설명하고 판매하면서부터는 그림 속 이야기를 통해 세이셸이라는 나라를, 이곳 문화를 알린다. "마지막 할 얘기요? 종교인이다 보니 하나님과 함께하는 삶, 그렇게 살고 싶어요."

Maureen Juben 40-something, Seychelles

What comes to mind when you think of 'death'?
My mother. She's been a huge part of my life. I would be devastated were she to pass away.

What is the legacy you want to leave before you die?
Nothing. I only live for the moment.

배한수 30대, 한국

'죽음' 하면 떠오르는 것
끝과 시작. 한 생을 평탄하게 잘 살아낸 데 대한 감사와 반성을 하며 새로운 생을 준비하는 것이라 생각하니까.

배한수가 죽기 전 남기고 싶은 유산(legacy)은?
아무것도 없어요. 특별한 흔적은 남기지 않았다는 건 그만큼 무탈한 삶을 살았다는 의미이기도 하니까요.

Bae, Hansu 30-something, Korea

What comes to mind when you think of 'death'?

The ending and the beginning. I am grateful for having lived a full life and reflective in hopes of preparing for a new one.

What is the legacy you want to leave before you die?

Nothing. Not being able to do so means one lived an unscathed life.

김수영 30대, 한국

'죽음' 하면 떠오르는 것
천국. 그곳에 갈 수 있을까, 영원히 행복할까 하는 의문이 들어서.

김수영이 죽기 전 남기고 싶은 유산(legacy)은?
자식요.

Kim, Suyeong 30-something, Korea

What comes to mind when you think of 'death'?

Heaven. Would I be able to get there? I question everlasting joy.

What is the legacy you want to leave before you die?

My children.

정운교 80대, 한국

'죽음' 하면 떠오르는 것
없다. 매일 생각하니까.

정운교가 죽기 전 남기고 싶은 유산(legacy)은?
제 모습이 추하지 않게, 가족들 힘들게 하지 않고 깨끗하게 가고 싶어요.

정운교 씨에게 죽음을 묻자 "최근 죽음에 대해 매일 생각하고 묵상한다"며 담담히 입을 열었다. "어제도 오랫동안 의지하고 지낸 동네 친구 하나가 떠나 인사를 하고 왔어요. 저도 어느 날 갑자기 편안하게 떠나고 싶어 '잘 갈 수 있게 해달라'고 매일 기도합니다." 얼마 전 그는 살면서 찍은 사진 전부와 꽤 많은 옷을 버렸다. "과거에는 부든 명예든 '소유'에 집착했어요. 아직도 그러는 저를 보면 부끄럽기도 하죠." 정 씨는 "남들이 절 알아주기를 바라는 욕심을 버리고 저를 더 낮추고 싶어요. 무엇을 남기기보다는 이젠 없애고 가고 싶다"며 "조금씩 버릴 때마다 홀가분하다"고 말했다. "작가 양반, 이름이 뭐랬죠? 초면이지만 마지막일 수 있으니 한번 꼭 안아봅시다." 진한 포옹을 했고 먹먹하게 헤어졌다. 인터뷰 사진이 그의 유일한 사진으로 남았다.

Chung, Woongyo 80-something, Korea

What comes to mind when you think of 'death'?

Nothing. It's on my mind daily.

What is the legacy you want to leave before you die?

To die as organically possible. That way, it's less of a burden to the rest of my family.

황은미   50대, 한국

'죽음' 하면 떠오르는 것

토토. 10년을 함께한 애완견 토토가 숨을 거둘 때가 떠올라서.

황은미가 죽기 전 남기고 싶은 유산(legacy)은?

저에 대한 따뜻한 기억과 보기만 해도 유쾌하고 행복한 그림을 손주들에게 주고 가고 싶네요.

Hwang, Eunmi   50-something, Korea

What comes to mind when you think of 'death'?

My dog, Toto. We were together for 10 years before he passed.

What is the legacy you want to leave before you die?

I want my grandchildren to have fond memories of me through my paintings.

엘비스 이스마엘 30대, 세이셸

'죽음' 하면 떠오르는 것

다른 세계. 지금 살고 있는 생은 육체적 삶이고 죽은 후 삶은 정신적 삶이라 생각하니까.

엘비스 이스마엘이 죽기 전 남기고 싶은 유산(legacy)은?

지금은 제가 남길 수 있는 게 아무것도 없고 남기고 싶은 것도 없어요. 아마 앞으로도 없을 것 같고요.

엘비스 이스마엘은 아프리카 동부 작은 섬나라 세이셸에서 태어나고 자랐다. "이곳 삶이 너무 좋아요. 문화와 사람들, 바다, 특히 여긴 외국 관광객이 많이 찾는 곳이다 보니 다른 문화권 사람들과의 만남이 일상이죠. 그게 제 생활에 활력을 불어넣어줘요." 그는 '프랄린'이라는 자그마한 섬 바다 바로 앞에 6년 전 주스 가게를 냈다. 그가 애정을 쏟아 만든 가게에는 그만의 색이 입혀졌고, 지나가는 관광객의 눈길을 끌었다. "주스를 만들며 세계 곳곳에서 온 사람들과 세상 이야기, 살아가는 이야기를 나눠요. 싱싱한 과일과 다양한 사람이 있는데 뭐가 더 필요하겠어요?" 이스마엘은 다른 곳에서의 삶은 상상해본 적이 없다. 앞으로도 이곳에서 지금처럼 유쾌하게 살기를 바란다. "여기 생활이 너무 행복하고 좋으니까요. 매일이 즐거우니까요. 이것만으로 충분한데 뭘 남기고 죽어요?" 그는 연신 웃으며 고객들을 맞았다.

Elvis Ismael 30-something, Seychelles

What comes to mind when you think of 'death'?

As our consciousness inhibits a physical body, that is our current life. Once we die, we live a new spiritual life.

What is the legacy you want to leave before you die?

I have nothing to leave behind at this moment nor would I ever want to.

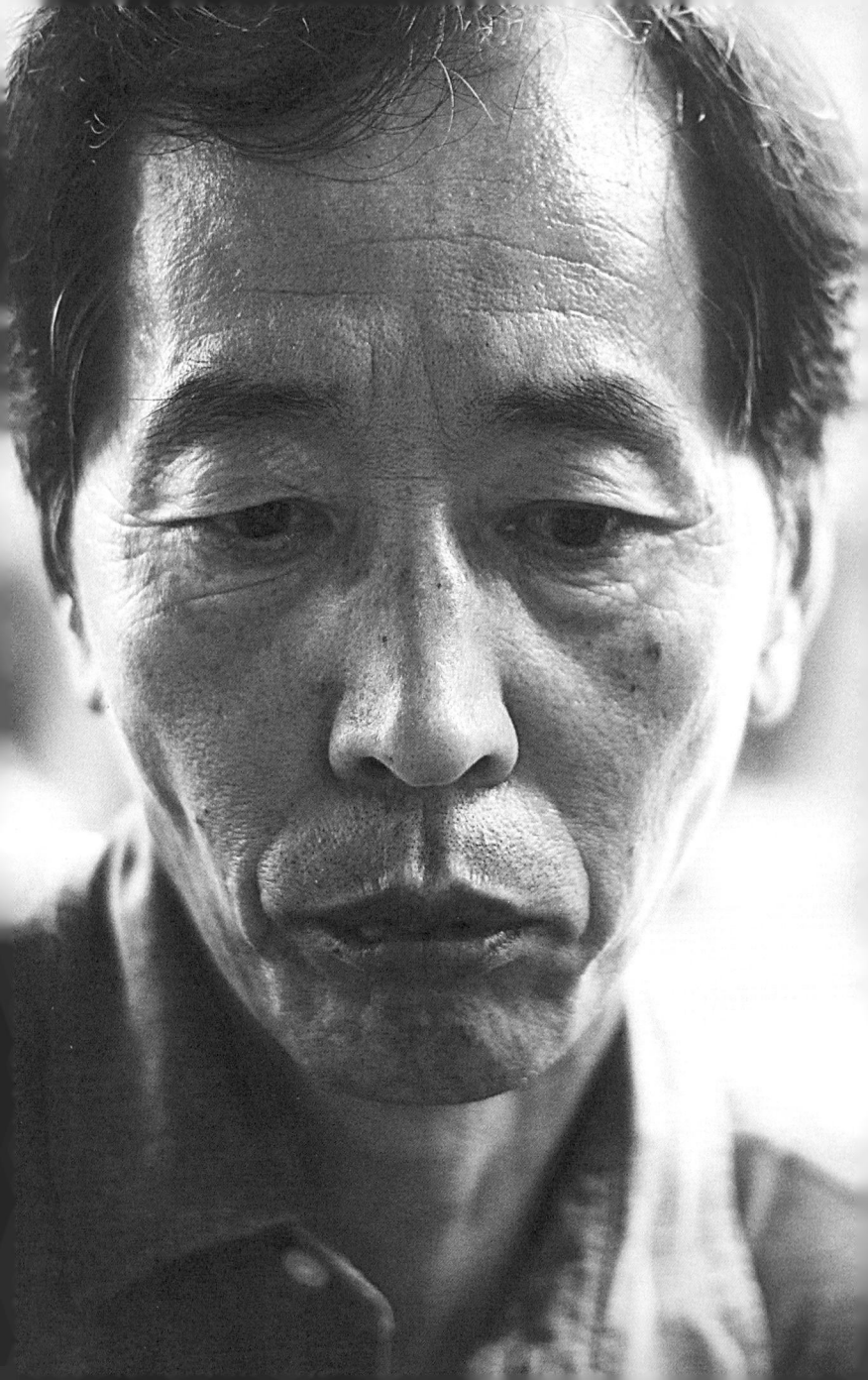

박병문 50대, 한국

'죽음' 하면 떠오르는 것

아쉬움. 작가로서 모든 사람의 삶을 다 이야기하지 못한 아쉬움이 남을 것 같아서.

박병문이 죽기 전 남기고 싶은 유산(legacy)은?

휴먼다큐 7가지 '광부 프로젝트'요. 숙명으로 여긴 작품 기록이 우리나라 광부 역사의 중심이 되었으면 하고, 그것이 역사로 남았으면 해요.

Park, Byeongmun 50-something, Korea

What comes to mind when you think of 'death'?

Regret. As a writer, I would have the regret of not being able to tell everyone's story.

What is the legacy you want to leave before you die?

A human documentary called 'The Miner Project' which details the history of mining in South Korea and how Korea should remain the nucleus of the industry.

김진주 30대, 한국

'죽음' 하면 떠오르는 것
갑작스러움. 의식이 없어질 테니까.

김진주가 죽기 전 남기고 싶은 유산(legacy)은?
없어요. 죽으면 모든 게 끝이니까요.

Kim, Jinju 30-something, Korea

What comes to mind when you think of 'death'?
Something that happens suddenly. I'd lose consciousness just like that.

What is the legacy you want to leave before you die?
Nothing. Once you are dead, it's over.

김희영 50대, 한국

'죽음' 하면 떠오르는 것

아버지. 나를 특별히 아껴주신, 돌아가신 아버지가 생각나서.

김희영이 죽기 전 남기고 싶은 유산(legacy)은?

하나뿐인 아들이 살면서 힘들 때 생각만 해도 마음이 따뜻해지고 위안이 되는 엄마로 기억되는 거요.

Kim, Huiyoung 50-something, Korea

What comes to mind when you think of 'death'?

My father. He passed away and thought the world of me.

What is the legacy you want to leave before you die?

During life's rough patches, I want my only son to remember me as a source of love and strength.

노페트 누징크 50대, 독일

'죽음' 하면 떠오르는 것
엄마. 일곱 살 내 생일날에 돌아가신 생생한 기억 때문에.

노페트 누징크가 죽기 전 남기고 싶은 유산(legacy)은?
굿 메모리. 무엇을 남기기보다는 제 삶에 대한 좋은 기억을 가져가고 싶어요.

노페트 누징크는 부정적인 것은 남기고 싶지도, 가져가고 싶지도 않다. "50대 중반이라는 나이는 말하자면 산꼭대기까지 올라간 나이죠. 살면서 해볼 수 있는 경험 다 해보았을 나이예요." 그간 살아온 숱한 시간이 주마등처럼 스치는지 그는 한동안 말을 잇지 못하고 상념에 잠겼다. "제가 언제까지 살 수 있을까요? 20년 후쯤이면 죽음이 제게 올까요? 지금에는 그 순간이 전혀 그려지지 않네요." 그는 20퍼센트 정도는 부정적인 것, 80퍼센트 정도는 긍정적인 것이 마음에 남을 것 같다고 말한다. "그러니 대체로 좋은 기억을 안고 떠날 수 있겠죠?" 그는 고요하게 미소 지었다. 그러고 싶은 표정이다. "남은 생에서도 하지 않고 싶은 게 하나 있어요. '돈, 돈' 하면서 살지 않는 것. 시간이 지날수록 깨인 생각과 마음으로 살고 싶네요." 그가 해마다 꾸준히 여행을 다니는 이유다.

Novet Nusink 50-something, German

What comes to mind when you think of 'death'?
My mother. She passed away on my seventh birthday.

What is the legacy you want to leave before you die?
Rather than leave anything behind, I prefer to take amazing memories of my life with me.

가브리엘라 40대, 이탈리아

'죽음' 하면 떠오르는 것
태양. 따뜻함과 뜨거운 심장, 이글거리는 에너지가 생각나서.

가브리엘라가 죽기 전 남기고 싶은 유산(legacy)은?
모르겠어요. 막 떠오르는 건 영혼, 그리고 제가 만끽하고 있는 자연이에요.

가브리엘라는 이탈리아에서 태어나 도심에서 40년 넘게 살다가 3년 전 아프리카 마다가스카르섬으로 이민 왔다. 오지마을 바닷가에 외국 관광객을 위한 호텔을 지어 운영하고 있는 그는 죽음과 유산에 대한 화두를 던지자 잠시 생각에 잠기더니 바다를 꼽았다. "매일 저렇게 태양 아래 반짝거리는 바다를 코앞에 두고 살기 때문일까요? 시원한 바람, 그리고 끝이 보이지 않는 저 아름다운 바다를 그대로 두고 가고 싶네요." 가브리엘라는 오지 작은 마을의 바다와 해, 나무, 공기, 단순한 삶에 반해 이곳에 터를 잡았다. "이탈리아에서의 삶은 행복하지 않았어요. 매일 무언가를 채워야 하는 강박에 시달리며 치열한 경쟁 속에 사는 것은 엄청난 스트레스였죠. 물질에 허덕이며 값비싼 물건을 갖고 싶어 탐하는 저를 보았죠." 조용하고 단순한 삶은 그를 평화롭게 만들었고, 그의 인생을 완전히 바꿔주었다. "자연이 무엇보다도 귀한 이유예요. 제게 그랬던 것처럼 어떤 누군가에게도 다른 삶을 선물해줄 수 있는 큰 힘을 가졌다고 생각해요."

Gabriella 40-something, Italy

What comes to mind when you think of 'death'?
The sun because it reminds me of warmth, a beating heart, and blazing energy from the sun.

What is the legacy you want to leave before you die?
I don't know. The first thing that comes to mind is consciousness and nature as it is something that I enjoy every day.

동영애 60대, 한국

'죽음' 하면 떠오르는 것
끝. 느끼고 생각하고 말하는 것이 정지되니까.

동영애가 죽기 전 남기고 싶은 유산(legacy)은?
남기고 싶은 건 없고 저를 '좋은 친구'였다고 기억해줬으면 싶네요.

동영애 씨는 "늘 이 물음이 어느 한 곳에 잠재해 있지만 진지하게 생각해보지는 못했다"고 운을 뗐다. "사랑이나 죽음, 삶이라는 화두를 영화나 책을 보고, 아니면 음악을 들으며 잠깐 잠깐 생각하며 무의식적으로 대비하고 있는지도 모르죠." 그는 눈에 보이는 것 중에 특별히 남기고 싶은 건 없다고 말했다. "돈이나 집이나 그런 것은 처음부터 제 것이 아니라 잠시 빌려 쓴 것이잖아요. 어차피 제 것이 아니었으니 남길 수도 없는 거죠. 글쎄… 좋은 차를 남기면 남아 있는 사람은 좋아하려나? 잘 모르겠어요." 희미한 웃음이 의미하는 바를 알 듯도 했다. "흐르는 물은 다투지 않아요. 그냥 받아들이죠. 그 안에서 어떻게 느끼는지만 제 몫이겠죠. 억지로 되는 건 없으니까요."

Dong, Youngae 60-something, Korea

What comes to mind when you think of 'death'?
The end. All my feelings and thoughts come to a halt.

What is the legacy you want to leave before you die?
Nothing. Aside from the thought that I would like my people to remember me as a good friend.

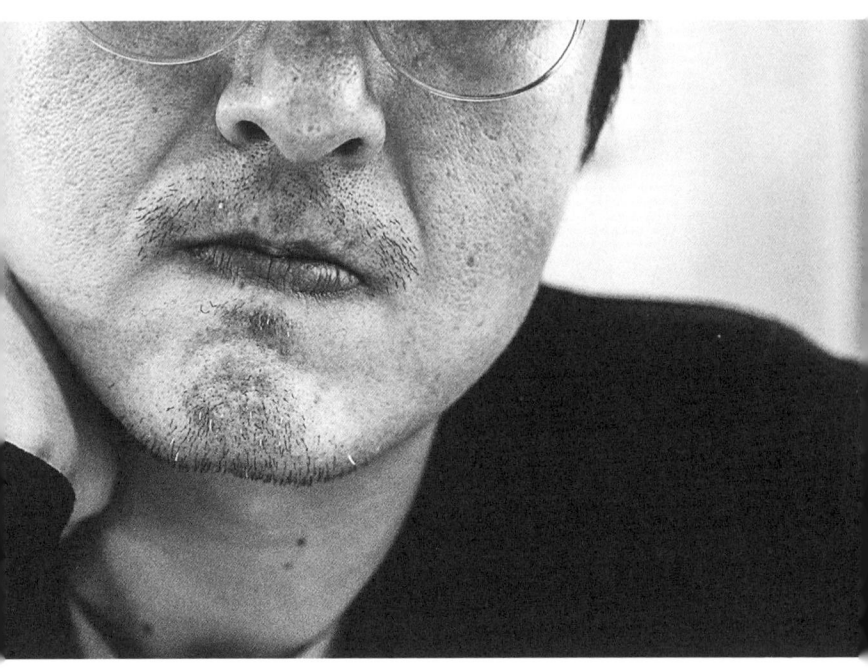

류건희 40대, 한국

'죽음' 하면 떠오르는 것
아버지. 가장 가까이에서 처음 맞이한 죽음이었으니까.

류건희가 죽기 전 남기고 싶은 유산(legacy)은?
모르겠어요. 앞으로 살면서 생각해봐야 할 주제네요.

류건희 씨는 "한 번도 생각해본 적 없고 남기고 싶은 게 있을까도 의문"이라며 "'죽음'은 왠지 먼 미래 이야기 같은데 미래를 설계하고 계획하며 사는 스타일이 아니다 보니 생각 자체를 해본 적이 없다"고 말했다. "앞으로의 시간은 아마 그런 걸 준비하며 가는 시간이 될까요?" 그는 그렇게 말하면서도 "사실 잘 모르겠다"며 고개를 갸우뚱했다. "다만 언제 죽는다 해도 담담하게 받아들일 수 있을 만큼 '죽음' 자체에 대해 두려움은 없는 것 같아요. 미련은 좀 있을지 몰라도요." 류 씨는 "한 살 때 화상으로 죽을 고비를 넘겨서 그 기억이 무의식 속 어딘가에 남아 있어 그럴 수도 있겠다"며 "어쩌면 무엇을 남기기보다는 가장 자연스럽게, 덤덤하게 받아들이려는 마음이 있는지도 모르겠다"고 전했다.

Ryu, Keon-hui 40-something, Korea

What comes to mind when you think of 'death'?
My father. He was the closest person to me who passed away.

What is the legacy you want to leave before you die?
I'm not quite sure. Going forward, that's food for thought.

장태화 40대, 한국

'죽음' 하면 떠오르는 것
또 다른 여행. 죽음은 그냥 육체의 끝이라 생각하니까.

장태화가 죽기 전 남기고 싶은 유산(legacy)은?
작곡, 음악, 제가 만든 악기, 그리고 사랑요.

장태화 씨는 "제일 잘하는 것을 남기고 싶다"며 입을 열었다. 그는 얼마 전 14년간 근무한 회사를 그만두고 아프리카 마다가스카르로 한 달 여행길에 올랐다. 직접 만든 우쿨렐레 20여 개를 챙겼고 한 학교 아이들에게 선물했다. 하루는 학교에서 교사들에게, 하루는 학생들에게 연주법을 가르쳤다. "제가 받은 만큼 돌려주고 싶은 마음이 있어요. 유치하지만 사랑을 남기고 싶은 마음이 큰가 봐요. 그래서 이 여행을 시작한 건지도 모르죠." 작곡가이자 기타리스트인 그는 음악을 통해 사랑을 표현하는 사람이다. 그것을 이제 나누고 싶다. "음악의 아름다움을 들려주고 나눠주고 가르쳐주고 싶었어요. 이곳은 아직 그런 것들을 보고 느끼고 체험할 기회가 많지 않으니까요." 그는 학생 1,000여 명이 모인 자리에서 1시간 기타 공연도 했다. "제 공연을 통해 아이들에게 '음악가'라는 새로운 꿈이 생긴다면 더없이 좋겠죠." 장태화 씨는 '요람 27 프로젝트'를 기획했고 마다가스카르를 첫 번째로 이 프로젝트가 시작됐다. 직접 제작한 우쿨렐레와 기타를 만들어 나누는 일이다. "많은 것을 이미 누렸어요. 이제는 음악과 악기를 통해 현세와 후세를 위해 무엇인가를 하고 싶네요."

Jang, Taehwa 40-something, Korea

What comes to mind when you think of 'death'?
Embarking on another journey. Death is just the dissolution of the physical body.

What is the legacy you want to leave before you die?
Composition, music, and musical instruments that I've made.

강지훈 20대, 한국

'죽음' 하면 떠오르는 것
사랑하는 사람들. 더 잘해주지 못한 아쉬움과 미안한 마음이 들 것 같아서.

강지훈이 죽기 전 남기고 싶은 유산(legacy)은?
저를 조금이나마 기억해줄 수 있는 거요. 그게 무엇일지는 좀 생각해봐야 할 것 같아요.

Kang, Jihun 20-something, Korea

What comes to mind when you think of 'death'?
Loved ones. I'd feel a lot of sorrow and guilt for not having been nicer to them.

What is the legacy you want to leave before you die?
Something people could remember me by. I still need to be figured that out.

조상익 60대, 한국

'죽음' 하면 떠오르는 것
두려움. 삶에 대한 애착보다는 죽는 순간 고통을 이겨낼 수 있을지 두려움이 크니까.

조상익이 죽기 전 남기고 싶은 유산(legacy)은?
주변 사람들, 특히 가족이 편안하게 생을 보낼 수 있으면 그것으로 충분해요.

Jo, Sangik 60-something, Korea

What comes to mind when you think of 'death'?

Fear. I just hope I can overcome the moment of my last breathe.

What is the legacy you want to leave before you die?

Anything that I can do to ease the lives of my loved ones who will be left behind.

박진오 40대, 한국

'죽음' 하면 떠오르는 것
두려움. 지금의 나로서는 어떻게도 상상할 수 없으니까.

박진오가 죽기 전 남기고 싶은 유산(legacy)은?
무엇을 남기기보다 살면서 극복하지 못한 부분들, 자유롭지 못한 것들에서 완전히 자유로워질 수 있으면 좋겠네요.

박진오 씨는 느닷없이 들이민 '죽음'이라는 화두 앞에서 숙연해졌다. 한 번도 깊이 생각해보지 못한 어려운 질문이라며 한참 동안 말문을 열지 못하던 그가 서서히 입을 열었다. "내가 왜 살고 어떻게 살아야 하는지 정확한 답을 알지 못하고 죽는 데에 대한 두려움이 있는지도 모르겠어요." 그는 1차원적으로는 죽음이란 것이 오는 순간 세상과 단절되고 모든 게 끝난다는 생각이 드는데, 죽더라도 마음과 영혼만큼은 살면서 느낀 불안함을 넘어서 '절망과 불안에서 완전히 벗어나 두려움이 없는 상태'가 됐으면 한다고 전했다. "제겐 '죽음'이 끝이 아니라 또 다른 시작이라는 소망일 수도 있겠어요."

Park, Jino 40-something, Korea

What comes to mind when you think of 'death'?
Fear. Death is something that I cannot fathom at this moment.

What is the legacy you want to leave before you die?
Rather than leave anything behind, I would want to resolve any issues in life that weighed me down. I want to be limitless.

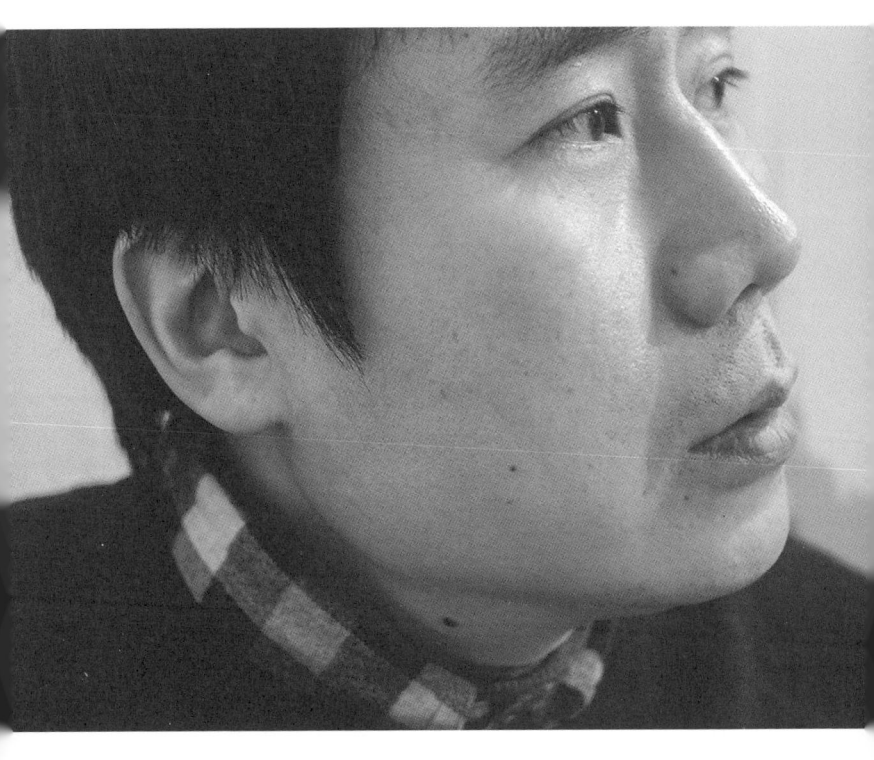

김범 40대, 한국

'죽음' 하면 떠오르는 것
원점. 원래 상태로 돌아가는 것이라 생각하니까.

김범이 죽기 전 남기고 싶은 유산(legacy)은?
없어요.

김범 씨는 담담하게 소신을 밝혔다. "저는 불교의 무아사상 영향으로 존재 자체에 대한 부정이 있었어요. 지금 제가 살고 있는 것이 생명의 현상이라 보지 존재가 소멸한다고 생각하지 않아요. 죽음은 생명 활동의 한 현상이 중단돼 제 몸을 구성하는 물질이 분해되고 다른 물질로 전환하는 것이라 믿죠." 그 때문에 특별히 남기고 싶은 건 없다고 설명했다. 다만 가족에 대한 책임감을 언급했다. "남편으로서, 아버지로서 사랑이 계속되고 있다는 사실을 가족에게 남겨주고 싶은데, 솔직히 그것도 큰 의미는 없다고 생각해요." 그는 한마디 더 덧붙였다. "슬퍼하지 마라!" 누구에게 하는 말이냐고 물었다. "막상 죽음이 닥쳤을 때 저 스스로에게, 그리고 가족에게 하고 싶은 말이 아닐까 싶네요."

Kim, Beom 40-something, Korea

What comes to mind when you think of 'death'?
Square one. It's going back to the beginning.

What is the legacy you want to leave before you die?
Nothing.

주동근 30대, 한국

'죽음' 하면 떠오르는 것
검은색. 아무것도 상상되지 않는 암흑이라는 기분이 드니까.

주동근이 죽기 전 남기고 싶은 유산(legacy)은?
롯데자이언츠의 한국 시리즈 우승하는 날의 풍경 사진과 영상, 제가 느낀 글을 남겨보고 싶네요.

Ju, Dongkeun 30-something, Korea

What comes to mind when you think of 'death'?
The darkness. Death gives me the feeling of darkness.

What is the legacy you want to leave before you die?
A photograph of the day the Lotte Giants win the World Series and my thoughts on that.

톨시 카리카 30대, 네팔

'죽음' 하면 떠오르는 것
가족. 내게 전부이니까.

톨시 카리카가 죽기 전 남기고 싶은 유산(legacy)은?
비전요. 살면서 무엇을 생각했고 무엇을 위해 살았는지를 남기고 싶어요.

톨시 카리카는 "가족에게나 주변 사람, 또 사회에 긍정적이고 좋은 영향을 준 사람으로 남았으면 좋겠다"는 바람을 전했다. 그는 네팔 카트만두 한 마을, 아무것도 없는 곳에 2011년 학교를 만들었다. 교사였던 그는 뜻을 같이한 교사 2명과 함께 1년을 대가 없이 일했다. 공립학교로 등록하는 모양새를 갖추기까지 2년이 걸렸고, 현재 재학생 85명, 교사 8명이 됐다. 교실 하나 제대로 없던 학교는 얼마 전 2층으로 증축, 교실이 5개나 된다. 아직 갈 길이 멀지만 조금씩 나아지고 커가는 학교를 볼 때마다 마음이 흐뭇하다. "시설이 좋은 학교보다 질이 좋은 교육을 하고자 애쓰고 있어요. 다 함께 열심히 애쓰는 만큼 더 나아질 거라 믿어요. 지난 6년간 꾸준히 그랬으니까요. 우리 처음 만난 2년 반 전보다 훨씬 나아지지 않았나요?" 그랬다. 카리카는 마지막 순간이 왔을 때 무슨 말을 남기고 싶을까. "어떤 상황이 오더라도 희망을 버리지 마라." 지진이 일어났을 때도 그랬고 앞으로도 그럴 것이다. "희망이 있는 한, 그것을 품고 사는 한, 모든 것이 좋아질 것이라 믿으니까요."

Tolsi Karika 30-something, Nepal

What comes to mind when you think of 'death'?
My family. They are my everything.

What is the legacy you want to leave before you die?
A vision. Something that displays what I lived for.

박기양 40대, 한국

'죽음' 하면 떠오르는 것
꽃. 봄꽃처럼 화려하다고 생각하니까.

박기양이 죽기 전 남기고 싶은 유산(legacy)은?
없어요. 다만 전해주고 싶은 건 하나 있네요. 성경책요.

박기양 씨는 "죽음을 새로운 시작으로 본다"며 "그래서 그 느낌이 화사하고 화려하다"고 답했다. "장례식 때도 화려한 옷을 입고 싶어요. 사람들이 와서 울기보다는 꽃을 들고 와 제 다음 생의 시작을 축하해주었으면 좋겠고요." 그는 "살면서 건강한 죽음을 맞기 위한 준비와 고민이 필요한 것 같다"고 했다. "스스로 그리 훌륭하지도 않고 유산으로 남길 것도 없지만 세상 사람들이 가장 많이 읽은 책, '성경책'을 남기고 가고 싶네요. 이유요? 그 안에 인생의 답이 모두 있다고 생각하니까요."

Park, Giyang 40-something, Korea

What comes to mind when you think of 'death'?
Spring flowers for death is as glamorous as spring flowers.

What is the legacy you want to leave before you die?
Nothing. However, I do want to pass on The Bible.

조광동 70대, 미국

'죽음' 하면 떠오르는 것
아버지. 열한 살 때 아버지를 떠나보낸 어머니의 모습이 떠올라서.

조광동이 죽기 전 남기고 싶은 유산(legacy)은?
책을 남기고 싶네요.

Jo, Kwangdong 70-something, United States

What comes to mind when you think of 'death'?
My father. When I was 11 years old, I remember that image of my mother when my father died.

What is the legacy you want to leave before you die?
Books.

김현 30대, 한국

'죽음' 하면 떠오르는 것
평화. 쉴 수 있으니까.

김현이 죽기 전 남기고 싶은 유산(legacy)은?
없어요. 죽으면 다 소멸하는 것 아닌가요? 이름도 의미 없고 자식도 제 소유가 아니니까요.

Kim, Hyeon 30-something, Korea

What comes to mind when you think of 'death'?
Peace. It's a form of rest.

What is the legacy you want to leave before you die?
Nothing. Isn't everything gone when you die? It becomes meaningless. For instance, your name, even your children are things you can no longer possess.

크레이 기슬렝 80대, 세이셸

'죽음' 하면 떠오르는 것
이 섬. 아이들도 키우고 오래 살며 정이 많이 들었으니까.

크레이 기슬렝이 죽기 전 남기고 싶은 유산(legacy)은?
유서에 다 써뒀어요. 남은 것을 후손이 어떻게 쓰면 좋겠다는 내용이죠.

크레이 기슬렝은 '죽음', '유산'이란 단어에 멈칫했다. 눈동자가 희미하지만 또렷하게 잠시 흔들렸고, 그 후 회고하듯 담담하게 이야기를 이어갔다. "지금처럼 움직이며 몸을 내 힘으로 추스를 수 있고 소소한 집안일을 해낼 수 있다면 100년도 넘게 살고 싶어요." 건강에 큰 문제가 없던 그는 한 달 전 갑자기 쓰러졌다. 뇌졸중이었다. "머리가 좀 안 좋아졌어요. 쓰러지며 정신을 잃을 때 두렵고 무서웠죠." 다행히 큰 문제가 생기진 않았지만 전보다는 좋지 않음을 느끼고 조심하는 중이라고 했다. "남편이 어디로 갔는지 모르지만 가능하다면 나중에 그 옆으로 가고 싶네요. 갈 수 있을까요? 아무도 모르겠죠?" 그녀는 사별한 남편 이야기를 꽤 오래 했다. 수줍게 얼굴을 붉히기도, 환한 미소를 짓기도, 눈시울이 뜨거워지기도 했다. "지금처럼만 살다 가고 싶어요. 그냥 오늘처럼만 말이죠." '오늘처럼'이라는 말이 모처럼 귀하게 느껴졌다.

Cray Gislant 80-something, Seychelles

What comes to mind when you think of 'death'?
This Island. I have a long history with it having raised the kids and being a long time resident.

What is the legacy you want to leave before you die?
Everything is detailed in my will. How my descendants should divvy up whatever's left and use it well to their advantage.

토니 디가스 20대, 세이셸

'죽음' 하면 떠오르는 것
사람이 떠나는 것. 다시는 볼 수 없으니까.

토니 디가스가 죽기 전 남기고 싶은 유산(legacy)은?
가족과 집, 그리고 손자, 손녀요.

"우리는 버스를 탄 승객과 같은 것 같아요. 중간에 내려서 쇼핑도 하고 구경하고 싶은 곳을 둘러보기도 하고, 가끔 끔찍한 사고로 죽기도 하죠. 그게 삶이고 인생이라 생각해요." 디가스는 쿤도라는 작은 지역에서 태어나 살다가 열다섯 살 때 경찰인 아버지의 발령으로 프랄린섬으로 와 10년을 살았다. 조용한 이곳은 그의 성격과 여러모로 잘 맞았다. "고급 승용차나 외모를 치장하는 물건, 물질적인 것의 필요를 못 느껴요. 다만 가족을 만들기 전에 집을 사고 싶은 생각은 있어요. 그렇지 않으면 늘 돈 걱정에 아등바등하느라 가족에게 집중하지 못할 것 같거든요." 그는 건설업 쪽 일을 하며 틈틈이 아르바이트도 한다. 시간이 될 때마다 잔디 깎기, 세차, 친구 카페 일을 도우며 돈을 모으는 중이다. 이른 시일 안에 결혼해 가족이라는 울타리를 만들고 싶다. "제 가족을 빨리 갖는 건 어릴 적부터 꿈이었고, 그게 남기고 싶은 유산이기도 하죠. 그전에 집을 사겠다는 건 그냥 저 스스로와의 약속이었고요. 노력 중이에요." 그는 그 외에 다른 욕심 없이 소박하게 가족 중심의 삶을 살고 싶다고 했다. "살아 있음을 느끼며 평온하게, 정직하게, 그리고 존중하면서 살다 가면 되지 않을까요?" 토니 디가스는 인터뷰 내내 '가족'이란 단어를 유독 많이 했다.

Tony Degas 20-something, Seychelles

What comes to mind when you think of 'death'?
People leaving for good since we can never see them again.

What is the legacy you want to leave before you die?
My family, my home, and my grandchildren.

조셉 리처드시노 50대, 세이셸

'죽음' 하면 떠오르는 것
영혼. 영혼의 세상으로 가는 것이라 생각하니까.

조셉 리처드시노가 죽기 전 남기고 싶은 유산(legacy)은?
마지막까지 사람들을 즐겁게 해주고 가고 싶어요. 많이 웃을 수 있게요.

조셉 리처드시노는 개그맨이자 가수다. "개그맨이라는 직업 때문일 수도 있어요. 아니 개그맨이라는 직업을 택한 이유가 먼저일 수 있겠네요." 그는 불쑥 가정사를 털어놨다. "어릴 때 가족 간에 다툼이 많았어요. 아버지께서 알코올 중독이다 보니 술주정하는 모습을 많이 봤고 가족끼리 싸우는 일이 잦았죠." 그 사이에서 그는 갈등했고 힘들었다. "다행히 어머니가 중심을 잃지 않으셨어요. 그 와중에 사람에 대한 존중이 뭔지 행동으로 보여주셨죠." 어머니는 그의 롤모델이었다. 그는 어머니의 성품을 닮고 싶었다. "누구에게나 기쁨을 주는 사람이 되고 싶었어요. 제 어머니처럼 말이죠." 리처드시노는 "상대를 사랑하려면 자신을 먼저 사랑할 줄 알아야 하는 것 같다"며 "서로 사랑하고 다툼 없이 모두 행복한 것"이 바람이라고 전했다. 리처드시노는 2015년 세이셸 가수왕으로 뽑혔다. 인터뷰 후 노래를 들려줬다. 그답게 흥이 넘치는 노래였다.

Joseph Richardcino 50-something, Seychelles

What comes to mind when you think of 'death'?

The other side.

What is the legacy you want to leave before you die?

Up until the very end, I want to be a source of everyone's joy. I want to make everyone laugh as much I can.

김남균 40대, 한국

'죽음' 하면 떠오르는 것
정리. 정리를 안 하면 억울할 것 같아서.

김남균이 죽기 전 남기고 싶은 유산(legacy)은?
나의 발자취요. 운동을 한 저를 기억해줄 사람들이 있었으면 해요.

핸드볼 국가대표 선수였던 김남균 씨는 현재 일본 대학팀 지도자로 활동하고 있다. "어릴 때, 특히 선수 시절에는 남들에게 인정받기 위해 정말 애쓰며 살았어요. 지금은 저 자신이 만족하는 삶을 살고 싶어요." 욕심을 부려본다면 사람들에게 '잘했던 선수'보다 '열심히 뛰었던 선수'로 기억되고 싶다. '죽음'에 대한 막연한 두려움이 있다. "한 번도 경험해보지 못한 사태이자 단 한 번만 허락되는 경험이잖아요. 당연히 두렵지 않나요? 제가 지금껏 해온 모든 것을 한순간에 모두 놓아버려야 하는 일이니까." 그는 잠시 생각하다 말을 이었다. "고독. 그것으로 귀결되는 것 같아요. 삶과 죽음, 고독. 사람은 누구나 결국 혼자인데, 그 가운데 죽음도 포함될 것 같아요." 마지막 순간이라고 상상해봤을 때 어떤 말을 남기고 싶을지 물었다. "수고했어." 스스로에게 해주고 싶은 말이다. "그 말을 제게 해주려면 남은 시간도 열심히 살아야겠죠. 가늘고 길게 살고 싶네요. (웃음)"

Kim, Namgyun 40-something, Korea

What comes to mind when you think of 'death'?

Organization. If I don't organize and take care of loose ends, things would have no closure.

What is the legacy you want to leave before you die?

My footprints? I used to be an athlete so people remembering me by my footprints makes sense.

김사랑 20대, 한국

'죽음' 하면 떠오르는 것
가족. 태어나서 죽기 전까지 삶의 이유니까.

김사랑이 죽기 전 남기고 싶은 유산(legacy)은?
사진? 추억? 처음부터 끝까지 제가 남긴 나만의 흔적일 테니까요.

Kim, Sarang 20-something, Korea

What comes to mind when you think of 'death'?
My family. They are the reason I was born into this world and why I continue to exist.

What is the legacy you want to leave before you die?
Photos. Memories. Those footprints are my creations, from start to finish.

닌토 셰르파 50대, 네팔

'죽음' 하면 떠오르는 것
올 것이라는 생각이 안 드는 것. 매일을 살다 보면 언제가 죽는다는 사실조차 잊으니까.

닌토 셰르파가 죽기 전 남기고 싶은 유산(legacy)은?
가능하면 많은 것을 지역 커뮤니티에 남기고 가고 싶어요. 어떻게, 무엇을 해야 하는지 교육하는 일이 가장 중요할 것 같아요.

닌토 셰르파는 체구가 작다. 발도 작다. 그 자그마한 발로 히말라야 산을 타러 오는 외국인들의 짐을 들고 산을 오른다. 그러기를 12년. 포터를 거쳐 키친 보이, 셰르파, 가이드까지 쉴 틈 없이 일했고, 그 돈을 모아 짬짬이 학교에 다녔다. 경제적으로 넉넉지 못한 가정에서 태어난 그는 교육을 받기 위해 스스로 돈을 벌어야 했다. 성실한 덕에 일도 공부도 잘 해냈다. 고된 시간이 흐른 뒤 그는 형, 동생과 함께 다종이 사업을 시작했다. "해야 할 일이 너무 많았어요. 교육의 중요성을 절절하게 깨달았죠. 뭘 하나 하려 해도 모르니 누군가의 도움이 필요했어요." 그렇게 하나하나 배우고 부딪치며 사업을 한 지 22년째다. 직원이 70명에 이를 정도로 사업 규모가 커졌고, 생활이 어려운 지역 학생들을 위한 학교도 지어 10년째 운영 중이다.

Ninto Sherpa 50-something, Nepal

What comes to mind when you think of 'death'?
People don't really make time to think about death because we are busy with the daily hustle.

What is the legacy you want to leave before you die?
To contribute as much as possible to my community. Of course, the education of the 'who' and 'how' is most important.

스미나 라마 20대, 네팔

'죽음' 하면 떠오르는 것
끝. 죽으면 아무것도 할 수 없으니까.

스미나 라마가 죽기 전 남기고 싶은 유산(legacy)은?
세상에 좋은 영향을 준 사람으로 기억해주면 영광일 것 같아요.

네팔 출신 스미나 라마는 죽음이라는 물음이 생소하기만 하다. 살면서 한 번도 생각해본 적이 없고 여전히 상상이 안 된다. "오늘 처음 생각해보네요. 잘 모르겠어요." 시종일관 미소를 지어 보이던 그에게 죽음은 아직 먼 나라 이야기다. 다만 살면서 하고 싶은 일은 있다. "어려움에 처한 여자들을 도우며 살고 싶어요. 제가 여자이기 때문일까요? 이곳은 남자들과 단순 비교했을 때 여자들이 살기 척박한 환경이라 그런 마음이 든 것 같아요." 라마는 여자들이 살기 더 나은 환경을 만드는 데 힘을 보태고 싶다. 전공은 IT 계열이고 더 공부해 그와 관련된 직업을 갖고 싶지만, 사회적인 활동도 열심히 하고 싶은 게 그의 바람이다. "마지막 순간이 됐을 때 하고 싶은 말요? 그 순간이 안 됐으니 모르겠어요. 정말 그 순간이 됐을 때 하고 싶은 말이 있지 않을까요? 그때도 남기고 싶은 유산이 오늘 제가 한 말과 동일할지 궁금하네요." 수줍은 미소가 그의 마음만큼이나 예뻤다.

Smina Lama 20-something, Nepal

What comes to mind when you think of 'death'?
The end. When you die, you can't do anything.

What is the legacy you want to leave before you die?
I would be honored if people remembered me as someone who positively impacted the world.

소윤호 50대, 한국

'죽음' 하면 떠오르는 것
편안함. 자식도 없고 재산도 없고 즐길 만큼 즐기고 가는 것이니 편안할 것 같아서.

소윤호가 죽기 전 남기고 싶은 유산(legacy)은?
없어요. 그 상태로 모든 게 깨끗하게 정리됐으면 좋겠어요. 산 흔적도 없이.

소윤호 씨는 경상북도 봉화 깊은 산속에서 자연인으로 살고 있다. 벌써 6년째다. "도시가 저랑 안 맞는다는 걸 알고부터는 산에서 살고 싶더라고요. 도시에서는 아무래도 어떤 규제에 맞춰 살아가지 않나요? 자꾸 무언가에 조정되는 느낌이 컸는데, 여긴 선택하고 결정하는 모든 일을 스스로 해야 하니 편하죠." 그는 그곳에서 하고 싶은 취미 생활을 실컷 하며 산다. "드럼과 오프로드 달리기. 도시에서 여러 제약 탓에 쉽게 하지 못하는 것들인데 여기선 자유롭게 할 수 있죠." 편안해 보인다. 갖가지 농사도 직접 지어 먹는다. 경제적으로는 부족할 때도 있지만 맞춰 살면 된다. "어디 여행을 가면 잘 놀고 깨끗하게 치우고 와야 기분이 좋잖아요. 어질러 두고 나오면 좀 그렇지 않나요? 제 삶도 마찬가지예요. 때가 됐을 때 흔적 없이 깨끗하게 사라졌으면 하는 게 바람이죠." 그는 마지막으로 한마디 한다면 무슨 말을 하고 싶을까. "음, 거기까진 생각 안 해봤네요. 지금 떠오르질 않아요."

So, Yoonho 50-something, Korea

What comes to mind when you think of 'death'?

Being at ease. I have no children, nor am I leaving any money behind. Enjoying each moment of life and then dying seems like the comfortable thing to do.

What is the legacy you want to leave before you die?

Nothing. I wouldn't want to leave any business unfinished.

문선희 20대, 한국

'죽음' 하면 떠오르는 것
유령. 그냥 유령이 떠오르니까.

문선희가 죽기 전 남기고 싶은 유산(legacy)은?
집? 다음 가족이 집을 사려고 애쓰는 것보다 제가 주고 가면 편할 테니까요.

Mun, Seonhui 20-something, Korea

What comes to mind when you think of 'death'?
Ghosts.

What is the legacy you want to leave before you die?
A house. That way the next family to live in it, wouldn't need to go through the trouble of buying one.

조지 카멜 50대, 세이셸

'죽음' 하면 떠오르는 것
형. 17세 때 처음 경험한 가족의 죽음이었다.

조지 카멜이 죽기 전 남기고 싶은 유산(legacy)은?
박물관이 없는 이곳에 제대로 된 예술 박물관을 만들고 가고 싶네요.

아프리카 세이셸을 대표하는 화가 가운데 한 명인 조지 카멜. 첫 만남부터 강렬한 에너지가 느껴졌다. "아주 오래 살고 싶어요." 잘못 들은 줄 알았다. "아주 오래오래 살고 싶다고요. 해야 할 일이 너무 많거든요. 제 아버지가 106세까지 사셨으니 저는 그보다는 더 살지 않을까요?" 지난 몇 년간 '휴먼다큐 프로젝트'를 진행하며 '오래 살고 싶다'는 말은 처음 들었다. "어릴 적 예술가가 되고 싶었는데 이곳에는 예술 박물관이 없었어요. 실제로 보고 싶은 그림은 죄다 책에서만 봐야 했죠. 너무 아쉬웠어요. 늘 상상만 해야 하는 게 힘들었어요." 그는 박물관을 두 개 짓고 싶다. 하나는 이 시대 다양한 작가의 작품을 소장한 곳, 다른 하나는 자신의 작품을 모아둔 곳. 8년째 운영 중인 카페 갤러리는 후배 작가들의 작품을 주로 선보이는 곳이다. 세이셸 문화 활성화를 위해 아트 페어, 출판 등 후배들과 다양한 프로젝트를 기획하고 진행한다. 공공미술에도 활발하게 참여해 시내 곳곳에서 그의 작품을 볼 수 있다. 카멜은 섬나라의 일상, 소소한 풍경을 그린다. 고기 잡는 청년과 채소를 다듬는 여인, 농장을 운영하는 중년의 사내가 주요 소재다. "제게 이 나라는 '햇살'이고 '푸름'이자 '행복'이에요." 작품이 밝고 화사한 이유다. "해야 할 일을 모두 다 마치면 평화롭게 잠들고 싶네요."

Jeorge Khamel 50-something, Seychelles

What comes to mind when you think of 'death'?
My older brother. He was the first death in the family.

What is the legacy you want to leave before you die?
An art museum in the neighborhood I live in. We never had one.

어버나 파니 40대, 세이셸

'죽음' 하면 떠오르는 것
다른 세계. 다른 세계가 궁금하니까.

어버나 파니가 죽기 전 남기고 싶은 유산(legacy)은?
행복한 세상, 살아 숨 쉬는 느낌, 다툼 없는 평화요.

어버나 파니는 "전쟁과 충돌, 부정적인 것이 없는 행복한 세상이었으면 좋겠다"고 말했다. "이 섬만 해도 15년 전과 지금, 많이 달라졌어요. 세상이 조금씩 좋아지고 긍정적으로 바뀌고 있죠. 더 그랬으면 좋겠어요." 그는 모두를 존중하는 세상을 꿈꾼다. "각 나라의 문화, 그것을 서로 인정해주는 것. 그리고 행복, 사랑! 그게 제가 원하는 전부예요."

Urbana Fhani 40-something, Seychelles

What comes to mind when you think of 'death'?

A different world that I've never been to or have seen.

What is the legacy you want to leave before you die?

A harmonious and balanced world.

피에르 기슬레 60대, 프랑스

'죽음' 하면 떠오르는 것
정부. 어려운 사람들을 나라가 도와야 한다는 생각이 제일 먼저 드니까.

피에르 기슬레가 죽기 전 남기고 싶은 유산(legacy)은?
깨끗한 공기와 좋은 환경을 주고 가고 싶어요.

프랑스 출신인 피에르 기슬레는 아프리카 세이셸에서 태어나 자랐다. "이곳은 참 아름다운 섬이에요. 라디오 대신 닭과 새 울음소리를 들으며 60년을 넘게 살았어요. 청정한 공기와 푸르른 자연은 제게 약이자 의사죠." 그는 자연과 함께하는 이곳이 소중하다. 자연이 많은 것을 해결해줬기 때문이다. 그에게는 꿈이 두 가지 있다. "산에서 온갖 과일과 채소를 키우며 사는 것, 작은 보트를 사서 바다에 나가 물고기를 잡으며 고즈넉하게 사는 인생을 꿈꿔요." 30년 넘게 관광객을 상대하는 가게를 운영했고, 지금은 15년째 숙박업을 하고 있어 시간적 여유가 많지는 않다. "지금도 만족하고 행복하지만 더 나이가 들면 그런 모습이었으면 좋겠어요. 그때도 제가 키운 건강한 과일을 여행자에게 좋은 가격에 팔고요." 다른 하나는 손자들에게 과일 나무를 남겨주는 것이다. "아이들이 먹을 때마다 제 생각을 하지 않을까요? 그러면 좋을 것 같아요. 제가 제 할아버지를 그렇게 기억하는 것처럼…."

Pierre Gisler 60-something, France

What comes to mind when you think of 'death'?

The first thing that comes to mind is the government. It's their job to help citizens in need.

What is the legacy you want to leave before you die?

Clean air and a sustainable environment.

조성민 30대, 한국

'죽음' 하면 떠오르는 것
신세계. 사후세계가 궁금하니까.

조성민이 죽기 전 남기고 싶은 유산(legacy)은?
딸이에요. 아들도 아니고 딸. 그리고 많은 돈요.

조성민 씨는 살면서 꼭 해보고 싶은 것 중 하나가 결혼이라고 말했다. "무척 사랑할 때 결혼할 것이고 상대를 꼭 빼닮은 딸을 매일 보면 행복할 것 같아요." 많은 돈은 남아 있는 가족에게 남겨주고 가고 싶기 때문이다. "아, 또 하나 있네요. 밝게 웃는 영정 사진 말고 슬픈 영정 사진요." 이유가 궁금했다. "죽는다는 건 어쨌든 슬플 것 같은데 환하고 밝은 사진은 부자연스럽잖아요. 그대로의 모습, 조금은 슬픈 사진이 자연스러울 것 같아요." 그는 죽음 하면 새로운 시작, 희망이란 단어도 떠오른다. "스스로 원했던 모습이 있었는데 거기서 벗어난 제 모습을 봤을 때 느껴지는 약간의 박탈감과 열등감 같은 게 있어요. 지금의 부족함을 다음 생에서는 채우고 싶은 마음이랄까요?" 마지막에 남기고 싶은 말이 무엇인지 물었다. "그건 생각을 좀 해봐야겠다"던 그가 30분 만에 말했다. "보고 싶다." "네?" "보고 싶을 것 같아요. 사람들과 아끼던 장소, 사물 그 모든 것이요."

Cho, Seongmin 30-something, Korea

What comes to mind when you think of 'death'?
A new world. I wonder what the afterlife holds.

What is the legacy you want to leave before you die?
A daughter and loads of money.

박으뜸 30대, 한국

'죽음' 하면 떠오르는 것
살아 있는 동안 잘할 것. 후회가 없었으면 하니까.

박으뜸이 죽기 전 남기고 싶은 유산(legacy)은?
좋은 이미지요. 좋은 사람으로 기억되고 싶어요.

박으뜸 씨는 "'죽음' 하면 아직은 저보다 먼저 다가올 조부모님을 비롯한 가족의 죽음, 그것을 어떻게 받아들이느냐에 집중하게 되는 것 같다"며 "편찮으신 외할머니가 떠오른다"라고 했다. "누군가가 돌아가셨을 때 흘리는 눈물은 후회나 미련이 많이 남아서가 아닐까요? 살아 계실 때 최선을 다하면 그 죽음을 편안히 받아들일 수 있다는 걸 외할아버지가 돌아가신 후 알게 됐어요." 그가 요즘 몸이 불편한 외할머니를 자주 찾아뵙는 이유다. "물질적으로 남기고 싶은 것은 없어요. 뭐든 지나고 생각해보면 물질적인 것보다 감각적인 것, 공유했던 시간이나 추억, 느낌, 이미지 그런 것들이 귀하게 남는 것 같아요." 미련이나 후회 없이 잘 살고 간다는 느낌이었으면 좋겠다는 그, 마지막으로 한마디 덧붙였다. "죽음을 곰곰이 생각하기보다는 앞으로 무엇을 하며 잘 살지에 대한 고민이 지금은 더 큰 것 같네요."

Park, Euddeum 30-something, Korea

What comes to mind when you think of 'death'?

That I should live each day to the fullest while I'm alive that way I have no regrets.

What is the legacy you want to leave before you die?

A warm fuzzy feeling in people's hearts when they think of me.

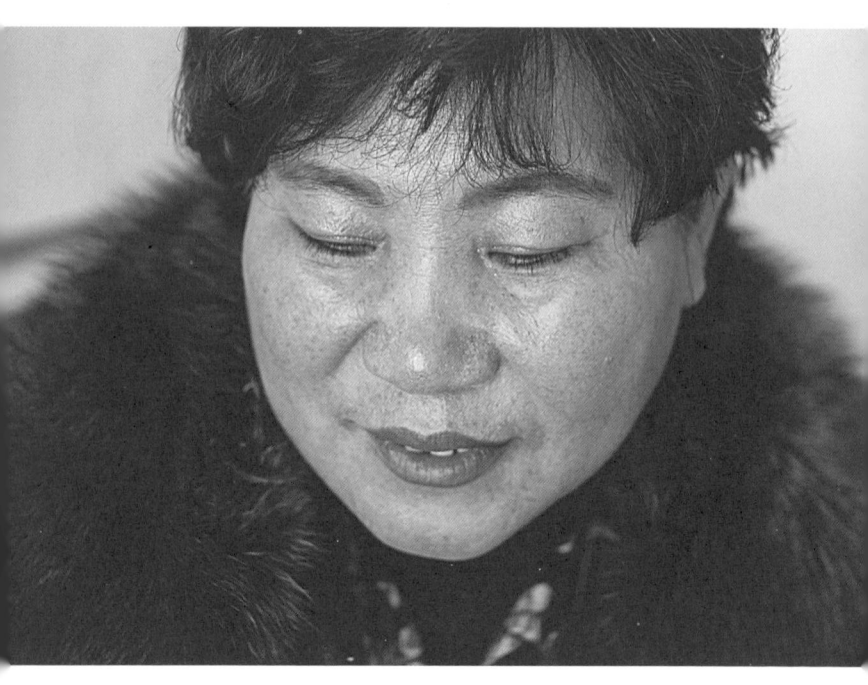

엄미자 50대, 한국

'죽음' 하면 떠오르는 것
천국. 천국이 보일 것 같으니까.

엄미자가 죽기 전 남기고 싶은 유산(legacy)은?
건강하고 행복하라'는 말, 저는 '여한이 없이 잘 살고 간다'는 말을 남기고 싶어요.

지난해 말, 15년을 함께한 강아지 '햇살이'가 하늘나라로 갔다. 사흘간 숨을 힘들게 들이쉬었지만 평상시처럼 살다가 고요히 갔다. "조용해서 가봤더니 죽어 있었어요. 눈이 떠져 있는 걸 제가 감겨줬는데 참 평화로워 보였어요. 저도 때가 됐을 때 저 친구처럼 가면 좋겠다는 생각을 했죠." 엄미자 씨는 햇살이를 보며 잘 살다 간다는 생각을 했다. "남기고 싶은 것 없이 다 쓰고 가려고요. 딸에게도 쓰다가 혹시 남으면 그건 주고 가겠다고 했어요. 사는 동안 하고 싶은 걸 다 하고 싶은데, 그러려면 집도 팔아야 할지 모르지만 여한 없이 살다 가고 싶어요." 그는 앞으로 여행을 많이 하며 살고 싶다. 얼굴과 손 촬영 후 맨발을 찍으려 하자 신발을 벗지 않는다. "발은 평생 아무나 안 보여줬어요. 간수를 잘 못해 거칠고 못생겼어요. 그냥 신발 신은 채 찍어주세요." 잠깐 설득해보았다. "그러게요. 다큐인데… 그래도 안 돼요. 그냥 찍어주세요." 그냥 그가 원하는 대로 찍었다.

Uhm, Mija 50-something, Korea

What comes to mind when you think of 'death'?
Heaven. I feel like I'd be able to see it right after.

What is the legacy you want to leave before you die?
Words of encouragement to live in the moment and be healthy. I'd say, 'I'm leaving this world without no regrets.

박은실 30대, 한국

'죽음' 하면 떠오르는 것
아이들. 내가 없이 살아갈 아이들을 생각하니 뭉클해서.

박은실이 죽기 전 남기고 싶은 유산(legacy)은?
돈은 없으니 힘들어도 행복하게 이겨내는 방법을 아이들에게 알려주고 가고 싶어요.

Park, Eunsil 30-something, Korea

What comes to mind when you think of 'death'?
My children. They would have to go on without me.

What is the legacy you want to leave before you die?
I'd teach my children how to overcome adversity and be happy since I have no money to leave behind.

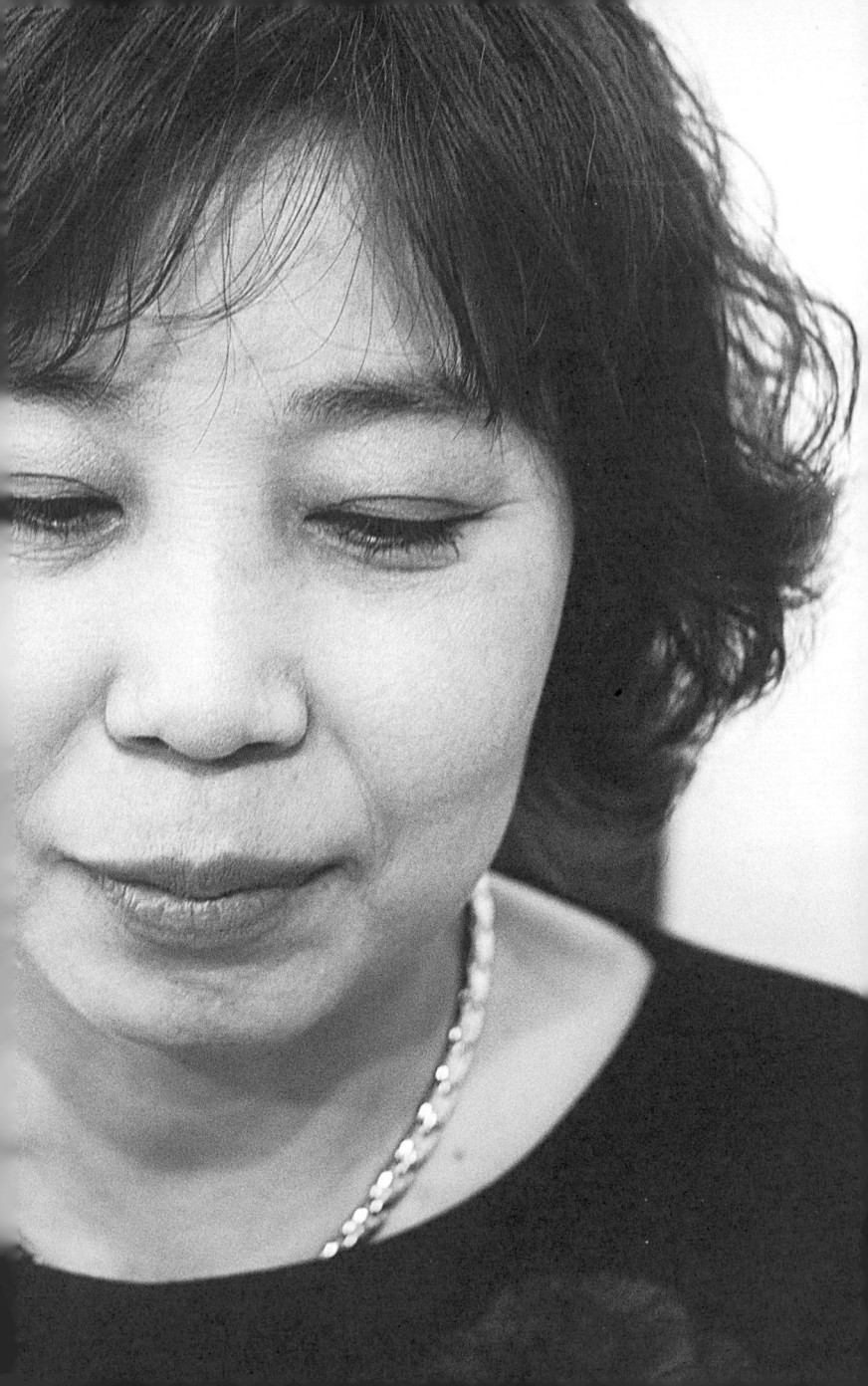

윤영 50대, 한국

'죽음' 하면 떠오르는 것
슬픔. 좋아하는 사람들을 떠나는 것이니까. 아프고 그립고 슬프지 않을까.

윤영이 죽기 전 남기고 싶은 유산(legacy)은?
아이들에게 신앙을 주고 가고 싶어요. 그게 재산일 것 같네요.

Yun, Young 50-something, Korea

What comes to mind when you think of 'death'?

Sorrow and longing. It would break my heart to leave loved ones behind.

What is the legacy you want to leave before you die?

To instill a strong sense of faith to my children. What an amazing fortune.

남인근 40대, 한국

'죽음' 하면 떠오르는 것
시작의 문. '끝'이 아니라 '또 다른 시작'일 것 같아서.

남인근이 죽기 전 남기고 싶은 유산(legacy)은?
저의 가장 행복한 순간을 기록한 초상?

남인근 씨는 "'죽음'을 이야기하니 갑자기 나의 영정 사진은 어떤 모습일까 궁금해진다"며 "행복한 모습이었으면 좋겠다"고 운을 뗐다. "화가들도 자화상을 잘 그리지만 보통 무표정이거나 뒷모습, 그런 게 많은 것 같아요. 제 모습 그대로를 담아낼 수 있는, 가장 나답고 가장 행복한 모습이 사진으로 하나 남으면 만족스러울 것 같아요." 그는 사진가다. 함께 바라보는 게 아니라 항상 대면해야 했고 뷰파인더에 본인이 들어갈 수 없어, 철저하게 혼자일 수밖에 없는 게 사진가라고 생각했다. 그는 "이 외롭고 고독한 직업이 어쩌면 언젠가 다가올 '죽음'과도 비슷한 느낌이 아닐까 싶다"며 "하지만 구름 뒤 햇살처럼, 앞서 말했듯 끝이 아닌 새로운 시작이라 생각하기에 '죽음'이란 것이 어둡게만 다가오지는 않는다"고 했다. 초등학교 4학년 때부터 9년간 절에서 지내 윤회설을 믿는다는 그는 "현재 삶을 후회 없이 살기 위해 노력하다 맞이하는 것이 나의 '죽음'일 것이고, 필연이지만 그것은 삶의 전부가 아니라 과정, 일부라 생각하고 살아간다"고 말했다.

Nam, Ingeun 40-something, Korea

What comes to mind when you think of 'death'?
Another beginning, not the ending.

What is the legacy you want to leave before you die?
Perhaps a portrait that captures the happiest moments of my life?

조금연 50대, 한국

'죽음' 하면 떠오르는 것
두려움. 현존하는 세상이 없어지는 것이니까.

조금연이 죽기 전 남기고 싶은 유산(legacy)은?
세상이 평화로워지는 데 도움이 되는 사람으로 살다 갔으면 해요.

Cho, Keumyeon 50-something, Korea

What comes to mind when you think of 'death'?
Fear. My current world will no longer exist.

What is the legacy you want to leave before you die?
I'd like to spend the rest of my living days contributing to world peace.

신중호 50대, 한국

'죽음' 하면 떠오르는 것
평안과 화평. 세상 번뇌와 마주치지 않을 테니까.

신중호가 죽기 전 남기고 싶은 유산(legacy)은?
글을 써볼 계획이에요. 소설이나 시를 남기고 싶네요.

Shin, Jungho 50-something, Korea

What comes to mind when you think of 'death'?
Peace. At death, one no longer needs to deal with worldly desires.

What is the legacy you want to leave before you die?
I plan to leave a novel behind.

티시가 아세파 40대, 에티오피아

'죽음' 하면 떠오르는 것
가족. 사랑하니까 그립고 보고 싶을 것 같아서.

티시가 아세파가 죽기 전 남기고 싶은 유산(legacy)은?
가족의 안위를 위해 돈을 많이 남겨주고 가고 싶네요. 저는 별로 필요 없고요.

Tisiga Asepa 40-something, Ethiopia

What comes to mind when you think of 'death'?

My family. I will miss them very much.

What is the legacy you want to leave before you die?

Nothing for myself. I'd leave ample money for my family's well being.

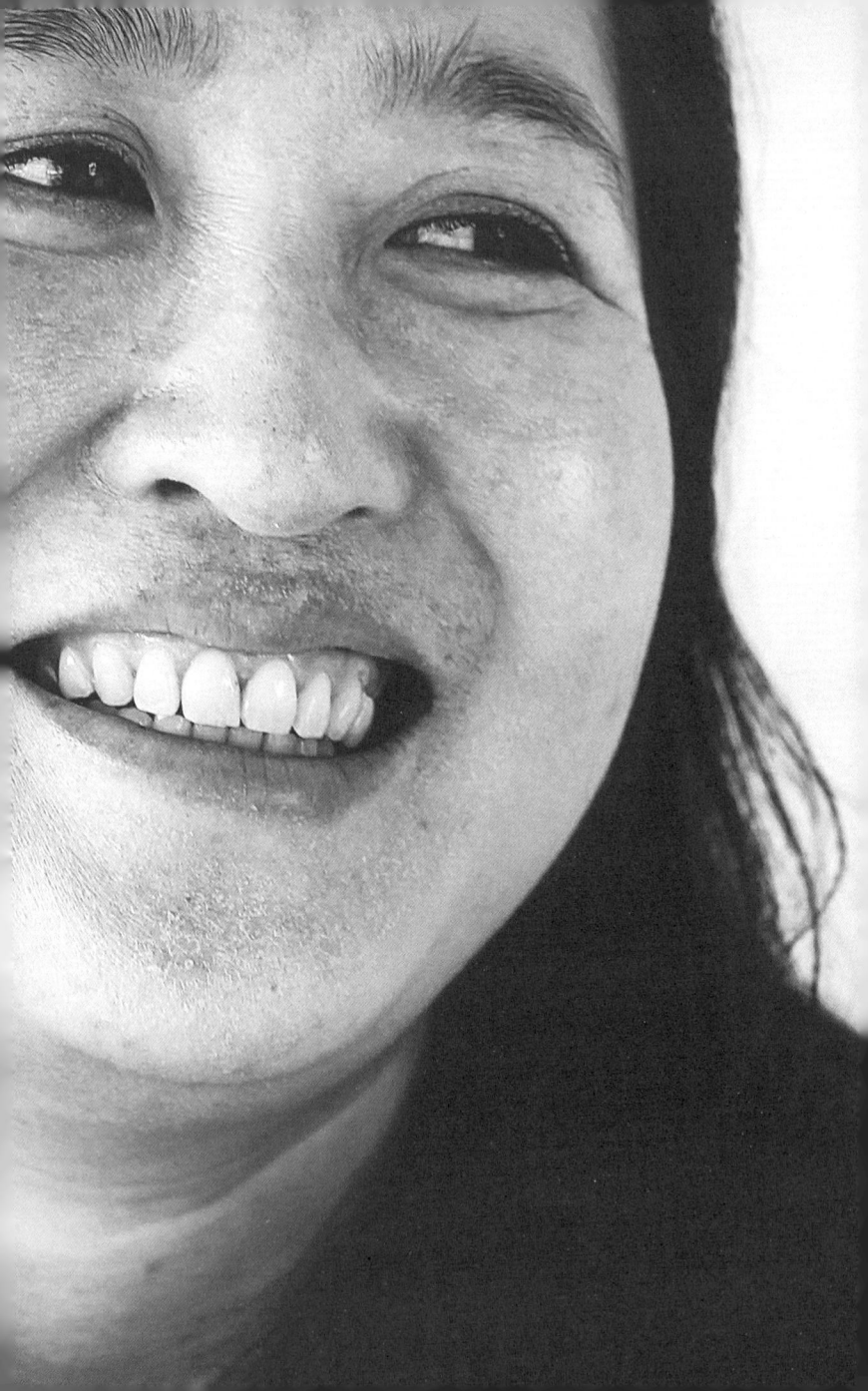

김영미 40대, 한국

'죽음' 하면 떠오르는 것

두려움과 먹먹함. 가보지 못한 곳에 대한 두려움과 남겨질 아이들과 짝꿍에 대한 짠함 때문에.

김영미가 죽기 전 남기고 싶은 유산(legacy)은?

사는 날까지 후회 없이 살고 싶어요.

Kim, Youngmi 40-something, Korea

What comes to mind when you think of 'death'?

Fear of the afterlife and sadness of having to leave behind my husband and children.

What is the legacy you want to leave before you die?

To live life without no regrets.

김민재 30대, 한국

'죽음' 하면 떠오르는 것
편안함. 쉴 수 있을 것 같아서.

김민재가 죽기 전 남기고 싶은 유산(legacy)은?
없어요.

Kim, Minjae 30-something, Korea

What comes to mind when you think of 'death'?
Peace. Release from the world.

What is the legacy you want to leave before you die?
Nothing.

치링 셰르파 20대, 네팔

'죽음' 하면 떠오르는 것
없다. 특별한 생각이 안 나니까.

치링 셰르파가 죽기 전 남기고 싶은 유산(legacy)은?
무엇이든 좋은 것을 남기고 싶고, 그것을 사람들이 기억해주면 좋겠어요. 그 무엇은 조금 더 시간이 지나봐야 알 것 같고요.

Chiring Schwerpa 20-something, Nepal

What comes to mind when you think of 'death'?
Nothing comes to mind.

What is the legacy you want to leave before you die?
Something that has positive value for future generations.

박경숙 60대, 한국

'죽음' 하면 떠오르는 것
편안함. 다 잊고 떠나니까.

박경숙이 죽기 전 남기고 싶은 유산(legacy)은?
양심요. 아이들한테나 남편한테나 정직하게 똑바로 살았다고 말할 수 있어야죠.

Park, Kyeongsuk 60-something, Korea

What comes to mind when you think of 'death'?

Peace. It's a release of everything.

What is the legacy you want to leave before you die?

A clean conscience. I want to have the confidence to say that I lived authentically to my husband and kids.

양재현 50대, 한국

'죽음' 하면 떠오르는 것

모였던 기가 다시 흩어지는 것. 떠나온 곳으로 다시 돌아가는 것이라 생각하니까.

양재현이 죽기 전 남기고 싶은 유산(legacy)은?

내 생각이 날 때 술 한 상 차려놓고 함께 소풍 왔던 시간을 추억해주기를 바라오.

Yang, Jaehyeon 50-something, Koreal

What comes to mind when you think of 'death'?

Energy being dispersed into bits and pieces. Going back to the genesis of things.

What is the legacy you want to leave before you die?

To have someone pay a visit to my tomb with a drink or two when they think of the good times we had together.

김지혜 20대, 한국

'죽음' 하면 떠오르는 것
발이 뜨는 이미지. 걸음을 멈추는 순간이 인생이 멎는 시간일 것 같아서.

김지혜가 죽기 전 남기고 싶은 유산(legacy)은?
나무 한 그루요. 이왕이면 먹을 것이 열리는 나무였으면 좋겠네요.

김지혜 씨는 사회적 기업에서 활동가로 일하고 있다. 한 부모 가정이나 이주 노동자, 산재를 당한 사람들이 자립해 지속적으로 살아갈 수 있게 돕는 일을 한다. "하는 일이 그렇다 보니 아마 그런 생각이 드는 것 같아요. 네팔에 커피나무 심는 지원 사업을 하고 있거든요." 그는 자신의 일을 입체 노동이라고 표현했다. 가치는 좋지만 실제 하는 일은 노동이 많다. 힘들게 하루 종일 몸을 움직이고 그 안에서 삶을 배운다. "우물 밖 개구리처럼 살고 싶어요. 고집은 있되 아집은 없이, 융통성 있는 주관을 가지고 사는 사람. 배타적이지 않고 다양한 것을 받아들이며 아량 있게 살고 싶어요." 김지혜 씨는 "아낌없이 주는 나무처럼 먹을 것을 나눠주고 남은 이들에게 그늘을 만들어 위안을 주는 나무 한 그루로 그 옆에 남아 있고 싶다"고 말했다. 그는 마지막에 '안녕'이란 말을 남기고 싶단다. "안녕은 헤어질 때도 쓰는 말이지만 만날 때도 쓰잖아요. 다른 세상에서 다시 만날 수도 있고. 그동안 즐거웠다고 말하며 웃으며 가고 싶어요."

Kim, Jihae 20-something, Korea

What comes to mind when you think of 'death'?

When I can no longer move my body.

What is the legacy you want to leave before you die?

A tree that bears fruit.

조계숙 50대, 한국

'죽음' 하면 떠오르는 것
안식. 두려워하거나 겁나지 않고 누림의 끝이니까.

조계숙이 죽기 전 남기고 싶은 유산(legacy)은?
지금 하고 있는 자수 작업이나 민화를 책으로 만들어 이를 통해 사람들이 위로 받았으면 좋겠어요.

Cho, Gyesuk 50-something, Koreal

What comes to mind when you think of 'death'?
Sanctuary. I'm not afraid of death. It's just the end of enjoyment.

What is the legacy you want to leave before you die?
For people to find consolation in my embroidery work and folk painting by putting my work collection in a book.

박광섭 50대, 한국

'죽음' 하면 떠오르는 것
불쌍하다는 생각. 하고 싶은 것도 더는 못하고 모든 걸 내려놔야 하니까.

박광섭이 죽기 전 남기고 싶은 유산(legacy)은?
재산요. 후세가 좀 더 편하게 살기를 바라니까요.

Park, Gwang-seob 50-something, Korea

What comes to mind when you think of 'death'?
Pitiful thoughts… You can no longer do what you want and have to let things go.

What is the legacy you want to leave before you die?
Some money, so my descendents can live in comfort.

도현수 40대, 한국

'죽음' 하면 떠오르는 것
없어요. 생각 안 해봤고 생각나는 게 없으니까.

도현수가 죽기 전 남기고 싶은 유산(legacy)은?
없어요.

Doh, Hyeonsu 40-something, Koreal

What comes to mind when you think of 'death'?
Nothing. I've never thought about it.

What is the legacy you want to leave before you die?
Nothing.

조용문 40대, 마다가스카르

'죽음' 하면 떠오르는 것
어머니. 재작년에 돌아가셨는데 가보질 못해서.

조용문이 죽기 전 남기고 싶은 유산(legacy)은?
사람들이 많이 아프지 않은 세상을 만들고 싶어요. 아픈 게 보이고 느껴지니까요.

조용문 씨는 선교사다. 몇 년 전 무작정 아프리카 마다가스카르에 왔고, 지역에 학교와 병원을 세우고 운영 중이다. 규모도 점점 커지고 있다. "그냥 소명이었어요. 생각하면 얼굴에 미소가 지어지고 행복한 느낌이 있어 오게 됐죠." 2007년 때의 여행 기억으로 마다가스카르에 다시 온 조 씨는 "이곳에는 제가 해야 할 일이 참 많다"고 말했다. "재소자, 길거리에서 사는 사람들, 미숙아, 부모에게 버려진 아이들 등 마음의 상처가 있는 아픈 사람들과 함께하며 살아가고 싶어요." 이곳에 학교와 병원을 꾸준히 짓는 일도 멈추지 않을 생각이다. "방황하며 오갈 데 없는 사람들에게 꿈과 기쁨, 소망을 주는 통로가 돼주고 싶어요. 그들이 편안하게 살아갈 수 있게요." 그도 젊은 시절 방황도 많이 하고 아내 속도 많이 썩였다. 순탄치 않은 길이었다. "그래서 더 간절하지 않을까요? 그래서 그들과 함께할 수 있지 않을까요?"

Cho, Yongmun 40-something, Madagascar

What comes to mind when you think of 'death'?

My mother. She passed away two years ago and I never got the opportunity to say goodbye.

What is the legacy you want to leave before you die?

I can't stand to see people in pain so I'd like to make the world a place with minimal human suffering.

전경란 50대, 한국

'죽음' 하면 떠오르는 것
기다림, 또 다른 여행. 진정으로 가벼운 여행이 아닐까 싶어서.

전경란이 죽기 전 남기고 싶은 유산(legacy)은?
없어요. 다른 사람에게 폐 안 끼치고 가고 싶을 뿐이에요.

Jun, Kyeong-ran 50-something, Korea

What comes to mind when you think of 'death'?
Waiting for a different journey. One, that is seamless and light.

What is the legacy you want to leave before you die?
Nothing. I just want to live life without burdening others.

김규원 20대, 한국

'죽음' 하면 떠오르는 것
엄마와 아빠. 그때쯤이면 부모님이 안 계실 텐데 생각날 것 같아서.

김규원이 죽기 전 남기고 싶은 유산(legacy)은?
그림책 작가가 꿈인데, 작가이신 아버지의 글과 제 그림이 같이 책으로 엮여 남았으면 좋겠어요.

Kim, Gyuweon 20-something, Korea

What comes to mind when you think of 'death'?
My parents. When my time comes, they won't be around and I will probably think of them.

What is the legacy you want to leave before you die?
My dream is to be an illustrator. My father's a writer so his prose and my illustrations would make a great book.

송정희 60대, 한국

'죽음' 하면 떠오르는 것
편안함. 소풍 왔다가 가는 기분으로 가고 싶어서.

송정희가 죽기 전 남기고 싶은 유산(legacy)은?
이미 자식(흔적)은 남겼고, 그냥 깨끗하게, 조용하게 가고 싶네요.

Song, Jeonghui 60-something, Korea

What comes to mind when you think of 'death'?

Lightheartedness. The kind you feel when going on a school excursion.

What is the legacy you want to leave before you die?

My children are an example of my legacy. For the remaining time that I have, I want to go organically with as little suffering as possible.

곽승경 50대, 한국

'죽음' 하면 떠오르는 것
내가 살아왔던 삶. 나를 알아가는 과정이었던 것 같아서.

곽승경이 죽기 전 남기고 싶은 유산(legacy)은?
아이들 마음속에 엄마로서 말고 한 인간으로서의 깊은 흔적요.

Kwak, Seungkyeong 50-something, Korea

What comes to mind when you think of 'death'?
The life that I led, the process of me getting to know myself.

What is the legacy you want to leave before you die?
Aside from just being a mother, I want my children to remember me as someone who made a deep impact.

홍서연 30대, 한국

'죽음' 하면 떠오르는 것
안식. 다시 돌아가는 것 같아서.

홍서연이 죽기 전 남기고 싶은 유산(legacy)은?
저와 함께한 사람들의 마음속에 사랑을 남겨주고 가고 싶어요.

Hong, Seoyeon 30-something, Korea

What comes to mind when you think of 'death'?
Comfort. It is comforting to know that I'm going back to where it all started.

What is the legacy you want to leave before you die?
To leave nothing but feelings of love in the hearts and minds of all the people who aided me on my journey of life.

맹기영 50대, 한국

'죽음' 하면 떠오르는 것
아버지. 얼마 전 아버지가 돌아가셔서.

맹기영이 죽기 전 남기고 싶은 유산(legacy)은?
나 없이도 아내가 잘 살아갈 수 있게 해주고 싶어요.

Meng, Giyoung 50-something, Korea

What comes to mind when you think of 'death'?
My father. He recently passed away.

What is the legacy you want to leave before you die?
To provide for my wife so that she lives without worry.

김기홍 20대, 한국

'죽음' 하면 떠오르는 것
슬픔. 먼저 보낸 기억이 있으니까.

김기홍이 죽기 전 남기고 싶은 유산(legacy)은?
제 인생 전부요. 금방 잊히지 않고 제가 살아온 만큼 오래 기억해줬으면 좋겠어요.

Kim, Kihong 20-something, Korea

What comes to mind when you think of 'death'?

Sorrow. I have a painful past memory of losing someone.

What is the legacy you want to leave before you die?

My whole life works? Something that people could remember by for a long time.

김동훈 50대, 한국

'죽음' 하면 떠오르는 것
아버지. 아버지의 죽음을 곁에서 함께했기 때문에.

김동훈이 죽기 전 남기고 싶은 유산(legacy)은?
지금 운영하고 있는 회사를 튼튼한 주식회사로 남기고 싶네요.

Kim, Donghun 50-something, Korea

What comes to mind when you think of 'death'?
My father. He recently passed away and it's been a great loss.

What is the legacy you want to leave before you die?
To turn my current company that I work for into a corporation.

임영진 40대, 한국

'죽음' 하면 떠오르는 것
또 다른 시작. 끝이 아닐 것이라는 믿음 때문에.

임영진이 죽기 전 남기고 싶은 유산(legacy)은?
자녀가 가치 있는 삶, 행복한 삶을 살아가길 바라는 마음요.

Im, Youngjin 40-something, Korea

What comes to mind when you think of 'death'?

Another beginning for I don't really believe in endings.

What is the legacy you want to leave before you die?

My children living life to the fullest.

조인경 40대, 한국

'죽음' 하면 떠오르는 것
고통 없는 죽음. 고통 없이 편안하게 죽고 싶어서.

조인경이 죽기 전 남기고 싶은 유산(legacy)은?
책요. 흔적을 남길 수 있는 가장 좋은 방법인 것 같아서요.

답이 명료했다. 조인경 씨는 "태어나서 몇십 년을 살다 가는 데 흔적 없이 가는 건 너무 허무할 것 같다"며 "자식도 없는데 뭐라도 남기고 싶다"고 말했다. 무슨 내용이 담긴 책이냐 물었다. "글쎄요, 아직 잘 모르겠지만 제 얘기가 담긴 책 아닐까요?" 그는 세상에 잠깐 왔다 간다는 흔적, 그걸 남기고 싶은 본능, 그리고 '깔끔한 삶의 마무리'라고 표현했다. "죽음의 시기는 중요하지 않고 때가 됐을 때 후회 없이 편하게 갈 수 있으면 좋겠네요."

Cho, Inkyung 40-something, Korea

What comes to mind when you think of 'death'?
Leaving this physical earth pain-free because to me that's leaving the world organically.

What is the legacy you want to leave before you die?
Books. They are the best means to leave your trace in the world.

손정애 50대, 한국

'죽음' 하면 떠오르는 것
천상으로 가는 하느님 자녀들의 모습. 가톨릭 신자로서 당연히 드는 생각이니까.

손정애가 죽기 전 남기고 싶은 유산(legacy)은?
꽃가지 늘어진 능소화나무 아래 '혜연 손정애'라고 써두고 가고 싶네요.

Son, Jeongae 50-something, Korea

What comes to mind when you think of 'death'?
An image of God's children going to heaven. Perhaps, I say this because I'm Catholic.

What is the legacy you want to leave before you die?
To leave a sign at the bottom of a Trumpet Vine Tree that says 'Haeyeon Son, Jeong-ae

임주영 50대, 한국

'죽음' 하면 떠오르는 것
푸른 하늘에 하얀 원피스. 어릴 적 꿈꾸던 모습이 떠올라서.

임주영이 죽기 전 남기고 싶은 유산(legacy)은?
여행 일기요. 여행하며 쓴, 일기가 있거든요.

Im, Juyoung 50-something, Korea

What comes to mind when you think of 'death'?
Blue skies, a white dress. That's what I thought about death when I was little.

What is the legacy you want to leave before you die?
A travel journal of all the places I've went to.

현종철 20대, 한국

'죽음' 하면 떠오르는 것
아내. 내가 죽으면 평생 힘들게 살까 봐.

현종철이 죽기 전 남기고 싶은 유산(legacy)은?
제가 없어도 아내와 아기가 불편함 없이 살아갈 수 있게 지혜와 생활력을 줄 수 있었으면 좋겠어요.

Hyeon, Jongcheol 20-something, Korea

What comes to mind when you think of 'death'?
My wife. When I die, she will have a tough time on her own.

What is the legacy you want to leave before you die?
Even if I'm not by their side, I would want to instill wisdom and vitality to my wife and child so that they can live life with little hardships.

현다예 20대, 한국

'죽음' 하면 떠오르는 것
아빠. 가족 중 연세가 가장 많으시니 가까이에서는 제일 먼저 맞게 되지 않을까라는 생각 때문에.

현다예가 죽기 전 남기고 싶은 유산(legacy)은?
아이들요. 남겨진 사람들이 혼자가 아닌 가족이었으면 좋겠어요

Hyeon, Dahae 20-something, Korea

What comes to mind when you think of 'death'?
My father. He's the oldest member of my family and the first, to probably go first.

What is the legacy you want to leave before you die?
Children.I would want a family to remain versus an individual for they might get lonely.

김민준 40대, 한국

'죽음' 하면 떠오르는 것
미안함과 두려움. 사랑하는 사람보다 먼저 죽음을 맞게 되면 상대가 느낄 외로움과 슬픔이 떠올라 미안하고, 반대일 경우 내가 지게 될 고통이 두려우니까.

김민준이 죽기 전 남기고 싶은 유산(legacy)은?
없어요. 다만 지금 사랑하는 사람과 죽기 전까지 행복했으면 하는 바람은 있어요.

Kim, Minjun 40-something, Korea

What comes to mind when you think of 'death'?
Guilt and fear. I'd feel immense guilt leaving my loved one behind. On the other hand, were my significant other to leave my side first, the fear of being all alone would be just as intense.

What is the legacy you want to leave before you die?
To be as committed and happy with my significant other until death do us part.

신소영 20대, 한국

'죽음' 하면 떠오르는 것
헤어짐. 가족과 친구들과 헤어지고 모든 게 끝나는 거니까.

신소영이 죽기 전 남기고 싶은 유산(legacy)은?
내가 쓴 책을 남겨 내가 없더라도 나를 기억해줬으면 좋겠어요.

Shin, Soyoung 20-something, Korea

What comes to mind when you think of 'death'?

Separation because you leave your friends and family which is the end of the road.

What is the legacy you want to leave before you die?

I'd write a book. I want people to remember me even when I'm not around.

스티브 탄치킹 20대, 말레이시아

'죽음' 하면 떠오르는 것
할머니. 할머니를 보러 가던 중 돌아가셔서 마지막을 보지 못한 기억 때문에.

스티브 탄치킹이 죽기 전 남기고 싶은 유산(legacy)은?
내가 살았던 것보다 내 아이들이 더 잘 살 수 있기를 바라요, 세계가 지금보다 더 평화로워졌으면 하는 바람도 있고요.

Steve Tanchiking 20-something, Malaysia

What comes to mind when you think of 'death'?

Grandma. She passed away when I was on my to see her and I didn't get the chance to say goodbye.

What is the legacy you want to leave before you die?

I want my children, not to mention the world, to live in a more peaceful world than I had.

박차운   40대, 한국

'죽음' 하면 떠오르는 것
아쉬움. 이루고 싶은 것을 모두 못 이루고 갈 테니까.

박차운이 죽기 전 남기고 싶은 유산(legacy)은?
많은 이들의 기억 속에 좋은 영향을 주고 가는 사람이면 좋겠네요.

Park, Chawun   40-something, Korea

What comes to mind when you think of 'death'?

Regret. I know there will be things on my bucket list that I won't be able to do.

What is the legacy you want to leave before you die?

I want to be remembered as a person who was a positive influence in their lives.

신재원 50대, 한국

'죽음' 하면 떠오르는 것
두려움. '이제 내 차례구나' 하는 무서움 때문에.

신재원이 죽기 전 남기고 싶은 유산(legacy)은?
흔적을 남기지 않고 전부 정리하고 가고 싶네요.

Shin, Jaewon 50-something, Korea

What comes to mind when you think of 'death'?

Fear. I could be the next one to go.

What is the legacy you want to leave before you die?

I will tie all loose ends and not leave a thing undone or incomplete.

윤순복 60대, 한국

'죽음' 하면 떠오르는 것
편안함. 마음을 비우게 될 것 같으니까.

윤순복이 죽기 전 남기고 싶은 유산(legacy)은?
아무것도 남기고 싶지 않아요. 아마도 자신 없게 살았나 봐요.

Yun, Sun-bok 60-something, Korea

What comes to mind when you think of 'death'?
Freedom. My mind will be empty of all things.

What is the legacy you want to leave before you die?
Not a thing. It's probably because I haven't lived a fulfilling life.

이명희 50대, 한국

'죽음' 하면 떠오르는 것
새로운 삶. 다시 태어날 수도 있고, 어떤 것으로도 다시 안 태어날 수도 있지만 의연하게 맞고 싶은 마음 때문에..

이명희가 죽기 전 남기고 싶은 유산(legacy)은?
몸을 남기고 싶어요. 장기 기증을 할 거고, 필요로 한다면 시신 기증도 생각하고 있어요.

Lee, Myeonghui 50-something, Korea

What comes to mind when you think of 'death'?

A new life. I could be born again as a tree or maybe not as anything, but I would like mine to be an honorable moment.

What is the legacy you want to leave before you die?

I would want to leave behind my body. I'd be an organ donor and donate my body to those in need.

서진옥 60대, 한국

'죽음' 하면 떠오르는 것
완성된 것. 할 수 있는 최선의 것을 만들었을 때 죽음을 맞는다고 생각하니까.

서진옥이 죽기 전 남기고 싶은 유산(legacy)은?
지구를 깨끗하게 하는 거요. 미래 세대가 잘 살아갈 수 있도록 깨끗하게 만들어두고 가고 싶어요. 지구가 병드는 건 사람이 병드는 것이니까요.

Suh, Jinok 60-something, Korea

What comes to mind when you think of 'death'?
Absolute completion. I believe that death comes to us when we've exhausted all our resources to do our best.

What is the legacy you want to leave before you die?
To leave a cleaner world for future generations. A polluted earth makes a polluted human being.

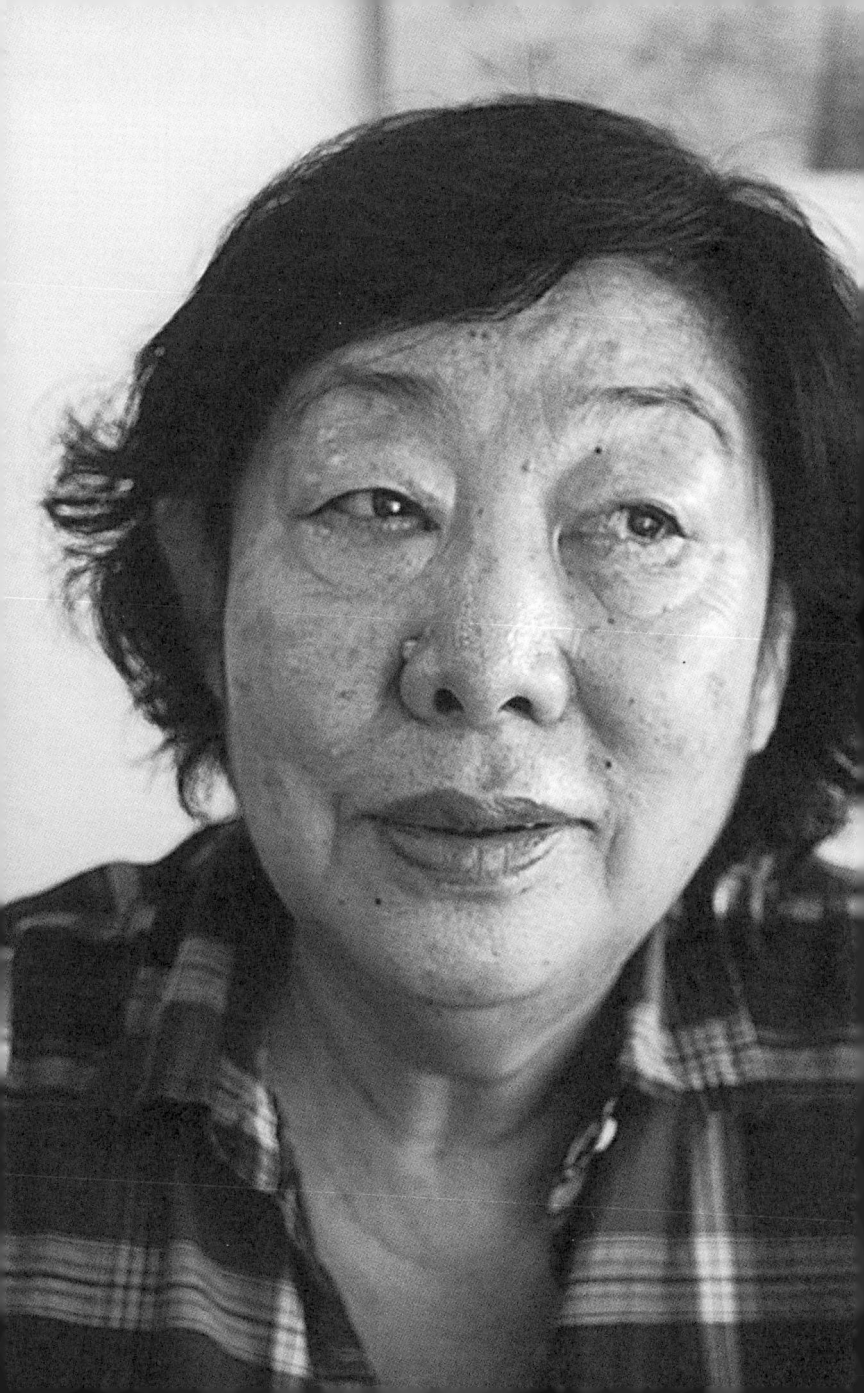

크리스티안 바우디셰 30대, 독일

'죽음' 하면 떠오르는 것
슬픔. 누구든 죽으면 슬프니까.

크리스티안 바우디셰가 죽기 전 남기고 싶은 유산(leg acy)은?
아이들요.

Christian Baudische 30-something, Germany

What comes to mind when you think of 'death'?
Sadness. It's always sad when someone dies.

What is the legacy you want to leave before you die?
Children.

야니카 리서넌 20대, 태국

'죽음' 하면 떠오르는 것
죽은 사람들. 그냥 그 모습이 떠올라서.

야니카 리서넌이 죽기 전 남기고 싶은 유산(legacy)은?
남을 사람들이 행복하도록 해주고 가고 싶어요.

Janica Lithurnun 20-something, Thailand

What comes to mind when you think of 'death'?
Images of dead people.

What is the legacy you want to leave before you die?
I would want the generation after me to live a purpose filled life.

카를로스 살사르 20대, 페루

'죽음' 하면 떠오르는 것
주변에 돌아가신 사람들. 5년 전 죽음을 맞은 아주 가까운 사람이 떠올라서.

카를로스 살사르가 죽기 전 남기고 싶은 유산(leg acy)은?
책이나 지식이나 남은 사람들이 실질적으로 활용할 수 있는 무엇인가를 남기고 싶네요.

Carlos Salzar 20-something, Peru

What comes to mind when you think of 'death'?
People around me who have died. A loved one had died 5 years ago and that person came to mind.

What is the legacy you want to leave before you die?
It would be something that people could realistically use like knowledge.

엔젤라 와타니아 20대, 인도네시아

'죽음' 하면 떠오르는 것
슬픔. 사랑하는 사람들을 다시는 볼 수 없을 테니까.

엔젤라 와타니아가 죽기 전 남기고 싶은 유산(legacy)은?
가까운 사람들과 함께했던 기억요.

Angela Watania 20-something, Indonesia

What comes to mind when you think of 'death'?
Sadness. I will no longer be able to see them again.

What is the legacy you want to leave before you die?
Memories spent with loved ones

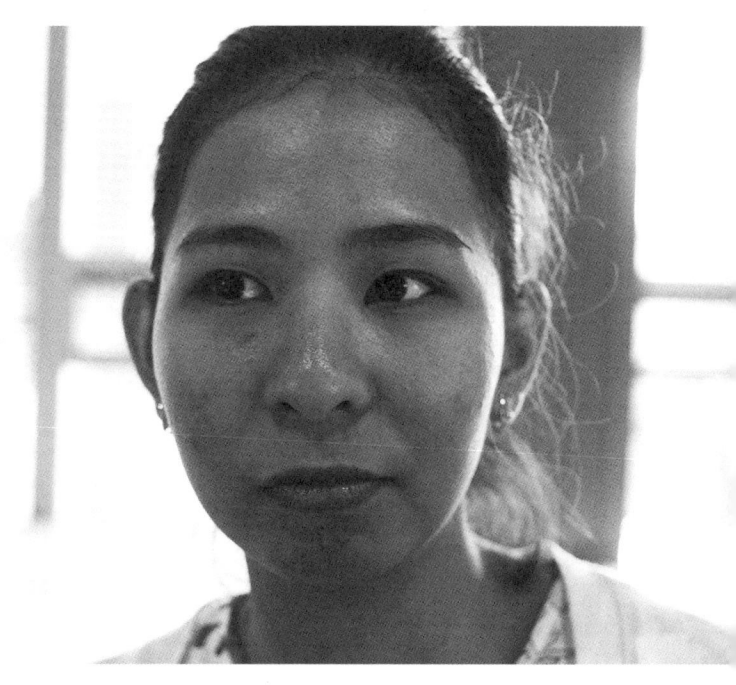

빤팟 잔사왕 20대, 태국

'죽음' 하면 떠오르는 것
검은색. 누군가 죽으면 검정 옷을 입으니까.

빤팟 잔사왕이 죽기 전 남기고 싶은 유산(legacy)은?
일기처럼 적어둔 이야기가 있는데, 그것을 남겨두고 떠나고 싶어요.

Banpat Jansawang 20-something, Thailand

What comes to mind when you think of 'death'?
The color black. People wear black at a funeral.

What is the legacy you want to leave before you die?
Chronicles of my life that I wrote in my daily journal.

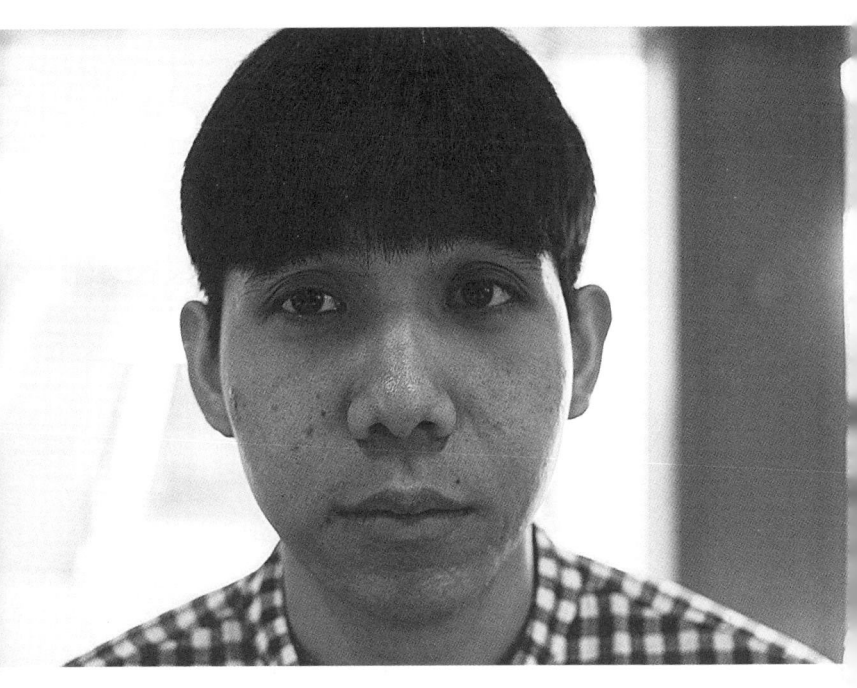

멀린다 리엘 20대, 미국

'죽음' 하면 떠오르는 것
할아버지. 내 인생에서 가장 중요한 분이고 가장 가까운 분이니까.

멀린다 리엘이 죽기 전 남기고 싶은 유산(legacy)은?
제가 알고 있는 생각을 선물로 남기고 싶어요.

Melinda Riel 20-something, United States

What comes to mind when you think of 'death'?
My grandfather. He was very important to me.

What is the legacy you want to leave before you die?
A present of all the knowledge and wisdom that I've ever accumulated.

마자르 로즈나 20대, 에티오피아

'죽음' 하면 떠오르는 것
고마움. 살아온 것에 대한 고마운 생각이 드니까.

마자르 로즈나가 죽기 전 남기고 싶은 유산(legacy)은?
글쎄, 아직 잘 모르겠네요.

Mazar Rosna 20-something, Ethiopia

What comes to mind when you think of 'death'?
Being grateful that I overcame the hardships of life.

What is the legacy you want to leave before you die?
I am not quite sure.

니디 아그로왈 20대, 인도

'죽음' 하면 떠오르는 것
인연. 모두 정해져 있다고 생각하니까.

니디 아그로왈이 죽기 전 남기고 싶은 유산(legacy)은?
이름요. 사람들에게 많이 알려진 사람이 되고 싶어요.

Nihdi Agrowal 20-something, India

What comes to mind when you think of 'death'?
Fate. I think everyone has death as part of their fate.

What is the legacy you want to leave before you die?
A name that many people could remember me by.

펴낸날	2017년 12월 26일
지은이	윤정
펴낸곳	류가헌
전화	02 720 2010
번역	캐서린 김
디자인	아네스박
표지사진	박으뜸
가격	29,000원

ISBN 979-11-87308-05-8

Copyright 2017 by April Jo

이 책은 저자 윤정과 독점계약에 의해 출간되었으므로
이 책에 실린 내용의 무단 전재와 무단 복제를 금합니다.